骊山北麓

乡土人物志

Local Characters
in Lishan Northern Side

西安曲江临潼旅游投资（集团）有限公司　西安曲江临潼国家旅游休闲度假区管委会·编写

陕 西 师 范 大 学 出 版 总 社
西安曲江出版传媒股份有限公司

图书代号：SK14N1801

图书在版编目（CIP）数据

骊山北麓乡土人物志/西安曲江临潼旅游投资
（集团）有限公司，西安曲江临潼国家旅游休闲度
假区管委会编写.—西安：陕西师范大学出版总社
有限公司，2014.12
（骊山北麓乡土系列）
ISBN 978-7-5613-7742-0

Ⅰ.①骊… Ⅱ.①西… ②西… Ⅲ.①人物—
访问记—西安市 Ⅳ.①K820.841.1

中国版本图书馆CIP数据核字(2014)第126568号

骊山北麓乡土人物志

西安曲江临潼旅游投资（集团）有限公司
西安曲江临潼国家旅游休闲度假区管委会 编 写

责任编辑　王玉民
文字统筹　张忝甜
采　　访　吕晋峰
摄　　影　李大卫
封面设计　西安立正文化传播有限公司
出　　版　陕西师范大学出版总社
　　　　　（西安市长安南路199号 邮编710062）
发　　行　西安曲江出版传媒股份有限公司
　　　　　（西安市雁南五路1868号影视大厦14楼11401、11402室 邮编710061）
网　　址　http://www.snupg.com　http://www.xaqjpm.com
印　　刷　中煤地西安地图制印有限公司
开　　本　787mm×1092mm　1/16
印　　张　21.5
字　　数　200千
图　　幅　160
版　　次　2014年12月第1版
印　　次　2014年12月第1次印刷
书　　号　ISBN 978-7-5613-7742-0
定　　价　68.00元

骊山北麓乡土系列丛书编委会

总策划 李 元

总统筹 毋文利 刘 蔷

主 编 韩佳卫

编 委 李 娜 杨 勇 段 伟 赵 元 李 明

　　　　赵 樱 王海宇 雷钊伟 张乐雯 王远静

LOCAL

CHARACTERS

I 骊山北麓乡土人物志 N

LISHAN

NORTHERN

SIDE

骊山深深

从左到右：

王冠雄、范会贤、杨金星、岳小建、武清雅、郭忠民、朱升强、杨兴平、王天尚、姬庆丰、龚民权、姜姗秀、孙静、姜民政、房树轩、白文锋

本书乡土人物在骊山新家园的合影

序一

临潼，一个神奇的地方；骊山，一座神奇的山。

在中国，稍有历史、文化知识的人，都能讲出很多关于临潼和骊山的故事。

就在距骊山不远的公王岭，约八十万年前，诞生了中华民族最早的先祖之一——蓝田猿人。他们对石器和火的使用，在华夏大地上映出了初始文明的曙光。两万年前，骊山地质变迁，孕育了闻名遐迩的地热温汤，汩汩喷涌的温泉水，流淌着多少悲欢离合。女娲炼五色石以补天、抟黄泥土而造人的传说，更使这块土地充满了神秘、浪漫、艰辛和顽强，给人以无限的遐想。姜寨先民们披荆斩棘，一步步开辟了朝向文明的远航。

殷商时期，这里是丽国。周代，这里是国都丰、镐的近郊之地，与周王室同为姬姓的骊戎定居于此。公元前383年，秦献公自雍迁都至骊山附近的栎阳，这里作为秦国都城历时三十四年；改变秦国，一举改变七国力量对比的"商鞅变法"，就是从这里起步。秦始皇在此置郦邑，并把这里作为自己永久安息之所。大汉奠基，栎阳作为西汉"临时首都"有五年时光。高祖刘邦为慰其父思乡之情，在此筑新丰邑，从此有了"鸡犬识新丰"的传奇故事；十年（前197），改郦邑为新丰县。此后分分合合，建置屡有更迭。武则天垂拱二年（686），新丰县大风雨，有山涌出，武后以为大吉祥，名之曰"庆山"，改新丰县为庆山县。唐玄宗天宝元年（742），更名骊山为会昌山；三年，置会昌县；七年，改会昌县为昭应县。北宋真宗大中祥符八年（1015），皇家修建玉清昭应宫，为避"昭应"二字讳，因境内有临、潼二水，遂改名临潼县，至此临潼得名。元世祖至元四年（1267），渭河北之栎阳并入渭河南之临潼，合为临潼县，形成今天临潼的格局，此后历明、清、民国七百余年而未有大变。1997年6月，经国务院批准，撤销临潼县，设立西安市临潼区，临潼发展步入新阶段。

历史仿佛对骊山有着特别的眷顾，中国的几次历史性转折，就发生在这里。周幽王骊山烽火戏诸侯，国破身亡，开启了春秋近三百年诸侯争霸史。商鞅栎阳城中"徙木立信"，秦国由此而富强，对后世产生深远影响。刘邦鸿门宴上化险为夷，成就了大汉四百年江山。华清宫中奢靡万般的"霓裳羽衣"酿成了八年"安史之乱"，唐王朝由盛转衰。更有1936年12月12日的"西安事变"，使中国现代史自此而别开生面。

骊山北麓，曾是帝王将相、达官贵人叱咤风云、骄奢淫逸的舞台，是文人墨客、才子佳人趋之若鹜、流连忘返的地方。这里山清水秀，温泉流淌；楼堂宫馆，鳞次栉比；胜迹遍地，盛景满目；历代吟咏，美不胜收。史籍载有"栎阳故都、新丰古市、骊山晚照、露台晓望、渭水汇流、荆原北障、仓陂桃林、风谷红叶、柏林纳凉、岳庙积雪、交口夜泊、零桥早发、南原丘壑、东原稼穑、古道明沙、鱼池清赏、阴盘龙见、谷口春涨、石鼓小亭、清川别墅"等名胜二十余处，当可窥其一斑。

当今，在这样一个文化积淀深厚的地方，正发生着更为深刻的巨变。2010年4月，临潼国家旅游休闲度假区奠基，西安曲江新区和临潼区联手共创"绿色城乡统筹全国重大示范工程"。临潼度假区的建设，是基于时代要求和历史传承的新尝试，是中国特色城市化道路一次很好的实践，意义深远。在这个过程中，旅游资源得到了开发，历史文化得到了发扬，民风民俗得到了继承，生态环境得到了保护。农民身份发生了转变，不仅成为度假区的建设者和管理者，也成为历史文化的受众和传播者，与度假区同步发展。

当此之时，真实记录临潼普通民众的生活、思想、追求和成就，让历史的一瞬"定格"，使后人真切地看到这一代人不懈追求的足迹，是我们义不容辞的责任。为此，西安曲江临潼国家旅游休闲度假区管委会组织作家、记者，走村入户，踏遍荆榛，撰成美文一十九篇，汇集成书，名之曰"骊山北麓乡土人物志"。

《骊山北麓乡土人物志》记述了十九位来自各行各业的普通人，他们中有文物保护工作者，有古典服饰文化的爱好、传播者，有民间音乐家、戏曲家、舞蹈家，有种植、养殖能手，有收藏家、画家、建筑商，有特色饮食的传承者，有悬壶济世的民间中医，有热爱新闻事业的农民记者，有学业优秀的留守儿童……他们，是新农村建设中涌现出来的优秀人物，代表着新时期七十万临潼人的形象。

他们经历不同，爱好不同，专业不同，年龄不同，但又有着诸多共同之处：

其一，他们的成就，得益于改革开放的历史性变革。改革开放在极大促进生产力发展的同时，也形成了开放包容的社会环境，改变了几亿农民的思想和精神风貌，使他们的聪明才智得以发挥、更高的物质和精神追求得以实现；几千年来"日出而作、日落而息""面朝黄土背朝天"的生产、生活方式有所改变，有了更多自由支配的时间、更充沛的精力从事自己所热爱的事业。

其二，他们热爱自己的事业，有着可贵的敬业精神。秦东陵文管所的同志们，在艰苦的条件下守护着全国重点文物保护单位秦东陵，同时不断加强业务学习。所长杜应文说："能与秦东陵朝夕相伴，这是我真正的幸福。"文章上过《人民日报》、双脚踏遍临潼各地的"土记者"杨金星说："做新闻就是要一个热爱。"华夏古典服饰文化传承者姜姗秀"四五十年就这样一直喜欢"。

其三，执着追求，是他们价值取向的突出特征。收藏家武清雅几十年来，"每有闲暇，便四处奔走，收集藏品"，藏品达上万件，留下了岁月的印痕，形成了关于中国当代史的"物证"链条，传递着丰富的时代信息。农民画家孙静说："做任何事，都要投入，都要注重积累……人要是能找到一个自己能全身心投入的事，也算是很幸运的了。"

其四，不断创新，是他们事业发展的动力。有"西安市临潼区第一批区级非物质文化遗产传承人"称号的姬庆丰，从做花盆起步，因思想的"火花一闪"而成为技艺精湛的制埙师。他不断创新，把传统制埙工艺与校音技术相结合，现在考虑的则是"再开发些其他同类的东西，把这方面的技术充分利用起来"。做石子馍的白文锋、做荞面饸饹的岳小建，都是对传统食品不断创新，从而形成自身特色。

其五，淳朴善良，热心公益，有着中国农民的传统美德。和石榴打了四十多年交道的房树轩，"怀着一颗如石榴般火红的心"，帮乡亲们共同致富，一天到晚，给人帮忙的"杂事"多得不得了。中医世家的王天尚谨记父亲"医者仁心"的教诲，坚持让患者"小病不花钱，大病少花钱，绝不花冤枉钱"的原则，深得大家信赖。自乐班的"班头"武民政、秧歌锣鼓队的杨兴平、"广场舞者"范会贤、"村里有啥事都少不了"的朱升强，都是甘愿为大家出力的热心人。

其六，享受生活，对家乡未来满怀美好憧憬。喜欢侍弄花草、情趣高雅的郭忠民说："咱还要让更多的外地人来咱临潼看看，叫他们知道咱这儿就是宝地。"陕西省养蜂协会会员龚民权"身处风景秀丽的骊山，赏四季常新之景，看忙于酿造甜蜜的蜂儿，尽得山野闲雅之趣"，把自己的后半生与蜜蜂紧紧联系在一起。

《骊山北麓乡土人物志》描绘了一群可爱、可敬、可佩，有理想、有才能、有成就的农民。通过他们的生活状态、奋斗经历和不凡业绩，我们看到了新农村建设的成就和发展方向。随着"绿色城乡统筹全国重大示范工程"的实施，一个山川秀美、物产丰饶、人才辈出、生机勃勃的现代化新临潼，正出现在古老的关中大地上。

《骊山北麓乡土人物志》的编写出版，体现了度假区管委会高度的历史责任感和"以人为本"的发展理念，将为历史留下临潼多彩图画的绚丽一页。在本书付梓之际，我得以先睹样书，深受感动，深感欣慰。度假区管委会的同志嘱我为《序》，承蒙高看，恭敬不如从命，遂信笔为文，写下以上文字，并以此表达对度假区管委会工作业绩的钦佩和对本书出版的祝贺！

是为序。

李建梓

二〇一四年八月十六日

（作者系中国地方志协会学术委员、编审）

序二

那山 那水 那人

西安之东，有一山享誉千年，是为骊山；有一地闻名世界，是为临潼。临潼历来为京畿之地，被誉为"华夏源脉"，孕育了璀璨的文明，尽享着三千年历史殊荣。

临山望水，潼色烂漫。在临潼这片热土上，人类的存在，已经延续了浩茫的时光。这里的山，这里的水，这里的人，都深深地根植在大地之上，并且随着时代的发展变迁，不断地传承和延续。那山、那水、那人，无论是历史传说还是现世故事，都让人感到那么地动听、动心和动情。

那山，叫骊山。她以秀美闻名天下，以文化流传千载，以传说令人神往。兵马俑、华清池、秦始皇陵、周烽火台遗址等历史文化资源举世瞩目，女娲补天、烽火戏诸侯、长恨歌、西安事变等历史传说与事件广为人知。其山，松柏常青、壮丽翠秀、溪谷漫道、风光无限，是十三朝古都西安的绿色"庭院"。"骊山云树郁苍苍，历尽周秦与汉唐"，郭沫若先生的诗，恰到好处地诉说了骊山独有的自然、历史和人文特质。

那水，叫温泉。临潼温泉，依山枕流，水质纯净，细腻柔滑，历经周秦汉唐而一脉传承，滔滔汩汩，喷涌千载。于大自然的馈赠，姜寨先民以此沐浴，周幽王在此建骊宫，秦始皇改为"骊山汤"，汉武帝时扩建为离宫，唐太宗在此营建宫殿"汤泉宫"，唐玄宗扩建为"华清宫"。唐代白居易诗中"春寒赐浴华清池，温泉水滑洗凝脂"，描绘的正是杨贵妃所沐浴的临潼温泉。一池温泉，演绎出了动人的浪漫爱情，也以其悠久的历史和深厚的文化内涵而彪炳史册。

那人，是兵马俑的守陵人，是事、音、情、趣、根、魂均系于此的临潼人。他们曾以农耕的方式，以谦卑的姿态，感受着传统生活的恩泽，守护着这片土地。他们又作为这片土地的主人，在这里繁衍生息，随着时代发展，推动着这片土地不断崛起并获得新生。生长于斯的一位位乡土人物，在这片古老神奇的土地上，在不同领域和行业里，或守护历史文物，或传承弘扬传统文化，或艰苦创业打拼，或热爱人文艺术……他们怀着对信念的执着和对理想的追求，用自己的青春守护、传承和弘扬这片热土的历史与文化，无私奉献，努力而坚守，平凡却伟大，令人敬佩，感人至深。

在这片土地上"深耕"的我们，实感三生有幸：有幸触摸到历史的纹理，呼吸到绿色生态的味道；有幸走进乡土深处，聆听他们前行的声音；有幸和这片土地上生活的人们一起，汲取不尽的营养，共同建设美丽的新家园。

实现"人的城镇化"，始终是我们身体力行的系统性思考、系统性应对、系统性解决的重大命题，也是临潼国家度假区开发的核心目标。这次，我们把目光聚焦在临潼普通民众的身上，编写和出版了《骊山北麓乡土人物志》一书，选取当地十九位具有代表性的人物，以"人"为篇章，以"志"为形式，记录下他们生活、奋斗的点点滴滴，反映了临潼人在时代发展中的生活状态和精神风貌。

以此为始，我们将陆续编写和出版《骊山北麓乡土风物志》《骊山北麓乡土食物志》等"骊山北麓乡土系列"图书，记录和解读临潼这片沃土的人文胜景，担负起保护和弘扬优秀历史文化的时代使命和历史责任。让我们一起，阅读正在被岁月记录的生活叙事，感受正在流淌的变化音符，聆听时代发展的最美强音，在骊山晚霞的盛景中，走向未来更加宽广的路途，拥抱未来更加美好的生活！

李元

二〇一四年九月十日

（作者系西安曲江新区党工委书记）

Local Characters
In Lishan Northern Side

骊山北麓乡土人物志

目录

附录

秦东陵的守护者

杜应文

以杜应文为代表的秦东陵守护者，

甘于寂寞，忠于职守。

在盗墓小说、鉴宝节目大热的今天，

他们日夜行走在千年古冢间，

默默守护。

守护者群像

秦东陵[1]的守护者们

临潼什么最多？美食，风光，还是温泉？

到临潼旅游的人，多半是冲着华清池、秦始皇陵、鸿门坂、秦俑坑甚至千亩莲藕基地[2]来的，很容易忽略秦东陵。其实，作为始皇帝家"祖坟"的秦东陵也很有味道。

秦东陵位于秦始皇陵西南，共有四个陵区，据1986年的数据，陵区总占地面积达二十四平方公里。秦始皇家族的重要人物包括秦昭襄王夫妇、庄襄王夫妇以及宣太后、悼太子等都葬在这里。从风水地貌上看，此地东依骊山，西带灞水，气象不凡，清初"力学好古"的康乃心曾在诗中称赞："昭襄冢并白云齐，俯视长安万井低。"

很多慕名而来的人会在这里见到秦东陵的守卫者——秦东陵文物管理所（简称"秦东陵文管所"）的工作人员。

这天，我们来到文管所，见到了所长杜应文。他个头不高，文文气气，戴着一副朴素的黑边眼镜，脸上带着因常年野外工作而留下的皱色，眼角流露着几分喜悦和腼腆。每当聊到文物保护事业时，他的眼睛就亮了，变得神采飞扬。

多年来，杜应文将自己人生最深的热爱都献给了文物保护事业，2010年调到秦东陵文管所以后，他的热情更加高涨。

不过，让人没想到的是，他当初根本就不想过来。因为他以前做的是业务工作，正是意气风发之时，到文管所以后，就要做行政工作了，再加上当时正值秦东陵一号大墓——秦始皇曾祖父秦昭襄王的陵墓被盗，举国震动，他深深地感到，"这个地方的责任太大了，而我们的装备简陋，工作辛苦。来到这里，虽不能说是临危受命，但起码是在极度困难的情况下来这里上任的"。

杜应文和同事们一样，心里一直都紧绷着一根弦，其中的紧张是外人所无法体会的，白天，他们时时留心；下班后，仍要留好几个人不定时巡逻，而且越是夜里越要小心。虽然每次巡逻都需要不少时间，可他们丝毫不敢大意。他们深知，不出事则已，一出事就是天大的事。

"全国重点文物保护单位"石碑

探访秦东陵

巡查的时间到了，杜应文和同事们再次准备出发，我们也跟着上了车。

面包车在凹凸不平的乡间小路上不停地颠簸，我们也随之东倒西歪。不时地，杜应文和同事们跟我们说起秦东陵的情况。比起一般只会念叨"秦王扫六合，虎视何雄哉"之类诗句的人，杜应文对于秦文化更加了解，他的自豪也更有底气。在他眼里，"秦文化是两千多年来中国文化的基础，上承殷、周，是中华民族远古文明的集大成者；下启汉、唐，是辉煌的汉唐文化的奠基者。秦文化在中国文化发展长河中的历史地位是承上启下、继往开来"，而要探寻秦的历史和文化，秦国陵墓是必不可少的研究资料。

正说话间，汽车驶出村子，首先跃入大家眼中的，是一派田园风光，如果没有文管所工作人员的指引，一般人绝对想不到这里竟然有陵墓存在。在历经千年沧桑之后，陵墓上部的封土已不明显，只比周围田地略有高出。

在陵园入口处，一块刻着"全国重点文物保护单位"字样的石碑静静地立在路边草丛中。

汽车缓缓穿过陵园。看着路两旁逼仄的斜坡，让人不由产生一种穿越历史隧道的感觉。这里仿佛见证了一个奇迹：这个两千年前显赫家族的墓葬，历经战争、盗损、地质破坏等种种磨难，还大体保持完整。

往事越千年。今天，这些墓葬仍在共同述说着一个事实：秦始皇的帝位绝不是偶然得来的，而是嬴氏一族在几百年光阴里一代代接力铸造而成，所谓的"龙脉"，早在始皇帝之前就逐渐形成了。

穿过荒草丛，我们攀至陵园顶部。透过萋萋芳草，能看到这里耕种过的痕迹。不远处，枝干枯瘦的树木默然挺立，一个农妇正攀上柿子树，采摘犹挂枝头的红彤彤的火晶柿子。陵园四周起伏的田野上，冬小麦的翠色向远方铺陈而去，让人感到厚重的历史中所透出的生机——千年前的墓冢便这样与今人联结在一起。

回首向来萧瑟处

秦东陵一号大墓

　　一号陵园的发现有很大的偶然性。当时，村民在修水渠，看到这里的土质与其他地方不同，是层层分明的五花土，估计下面有墓葬，便将情况报告给了文物管理部门。后经省、县文物考古单位共同勘探，又证以史籍，断定这一带系秦东陵。此后，经过进一步勘测，得到各种翔实数据，确定了陵区的范围。

　　杜应文介绍说："一号墓有两座'亞'字形墓葬，南北排列。每座墓右前方各有一个陪葬坑，南北两侧各有建筑基址一处，并掘有人工壕沟。这两座'亞'字形墓葬，一座位于陵园南部，呈长方形，长220米，宽128米。探得墓室为正方形，面积3286平方米，深26米，四边各有一条墓道。东边是主墓道，长120米，宽13—34米；其他三墓道较短，长在28—43米之间，宽在13—32米。东、北两个墓道右壁各有耳室一间。墓冢封土已变形，呈低伏的鱼脊梁形。右前方的陪葬坑长81米，宽10.5米，面积有850平方米。"

　　来到一个不起眼的土台前，杜应文扒开台角的树枝蔓草，指着一个老鼠洞大小的洞口说，这就是之前的盗洞。

　　据他介绍，盗墓者的技术水平相当高，不用钻进地下就能知道地底埋藏着怎样的宝贝。他们会挖一个很小的洞，在地下进行爆破，声音很小，很难察觉。他们还会在另一处打一个洞，当作换气孔，等墓葬里面原本的空气排到一定程度后，他们才把地表打开，进去作案。

　　令人遗憾的是，一般像这种被充过外界空气的墓体，里面的原始气态被破坏，地下的文物环境就无法保持原貌了。不得已，考古工作者只能进行"保护性发掘"。但是一号墓的善后工作如何进行，现在还没有明确，所以暂时选择了回填。

　　为了避免陵墓再遭破坏，文管所加强了防护力度。杜所长特别强调，他们巡查的时间、顺序、路线都是随机的。但他也清楚，"不怕贼偷就怕贼惦记"，他神色凝重地说："每天和我们周旋的有多少人可想而知，有多少双眼

杜应文正在介绍墓葬知识

睛在盯着我们也可想而知。跟我们交锋的，基本都是有着先进设备，具有一定历史、文物知识的盗墓团伙。"

意识到自身力量仍有不足，杜应文和同事们另辟蹊径：通过加强文物保护知识的宣传，将附近村民培养成文管所的编外人员，发起了一场保护秦东陵的"人民战争"。除了发放常规的宣传单，文管所还制作了印有举报电话等信息的扇子、文化衫等，赠送给村民，使文物保护观念深入人心。村民们时时留意，一发现异常，就马上联系文管所。

最近，一个令人振奋的消息传来：文管所上报临潼区政府的陵区保护规划已经获批，这将成为秦东陵保护、利用的根本指导性文件。2013年2月，西安市提出要将秦东陵建成考古遗址公园，相信陵区很快就要改头换面了！

大家在憧憬那一天到来的同时，感到自己肩上的担子更重了。

道路从陵墓上穿过

守护者的平凡生活

大家刚一回到文管所，就又有朋友来访，高谈阔论声让这里热闹起来。

一位朋友开玩笑地问："你们烧纸了没有？"

原来，前两天是阴历十月一日，俗语谓：十月一，送寒衣。按照中国民间习俗，这天，晚辈们会上坟烧纸，给先辈送去温暖。

一位工作人员笑了笑，答道："烧了。当时向所长请示，他没反对。晚上巡查的时候，我就在四个陵区都烧了。这也算是对传统的尊重，再说，常年在陵墓上走，就当和主人打个招呼……"

他一语未毕，众人已哈哈大笑起来。

看得出，杜应文和同事们已经适应了这里的生活，甚至有些享受了。如今，他每天都被自己的工作激励着，热情很高，"不怕忙就怕闲"。

而刚来到这里的时候，他非常不适应，觉得各方面条件和城里比起来差太多了。后来，杜应文了解到这里的很多情况，尤其是历史方面的东西和自己的专业接轨以后，便觉得这里有着巨大的魔力。在他眼中，这里每一寸土地都贵比黄金，有时候一想起来，就觉得兴奋。

杜应文总是感叹，中国的历史太迷人了，像秦东陵里面到底都埋着什么人、有着什么样的秘密等，说上一年都说不完。能与秦东陵朝夕相伴，这是自己真正的幸福。当然，这份幸福来得并不轻松："要做的工作非常多，我能感觉到自己的担子很重。"

他们的巡查路线，大部分位于荒地。由于不断踩踏，荒草丛中甚至形成了一条小路。路边长满了一种种子上带着倒钩的植物，当地人称之为"鬼针草"。杜应文说："这种植物的刺钩到衣服上便会牢牢抓住，想取下来非常困难。每次巡查完衣服上都沾满了这种刺儿，我们的女同事刚来受不了这种植物，还被扎哭过。特别是夏季，陵园野草几乎能达到与人齐肩的高度，巡查陵园的时候根本不敢穿短裤。"

如今，文管所有四名女性工作人员。夜晚巡查的时候，她们面临着更大的心理压力。

秦东陵二号陵园墓冢

其中一位姑娘，看起来也就刚毕业的样子。但是她的脸并不像常年待在城里的姑娘那般柔嫩白皙，而是透着野外工作人员所特有的那种风霜感。说起平时的巡查工作，她完全没有浮躁气："我刚毕业就来到了咱们文管所，那会儿还是个小姑娘。一听晚上要巡逻，吓得跟啥一样。有一次，我还在陵园上面看到了两朵绿油油的鬼火，真是比看盗墓小说还害怕！"

虽然说起这些经历时，听众有"毛骨悚然"之感，可她脸上浮现的却是俏皮的笑意。而且，她最终没有被吓跑，因为她对文物保护事业有一种热爱，同时，她也想学到更多的知识。

这种学习精神，正是杜应文一直提倡的。他认为，艰苦的环境确实锻炼人，但不能为了吃苦而吃苦，不能把自己定为"守墓人"，而是要做一个真正的历史工作者。为此，他积极地组织大家学习业务知识。他们先后到华严寺、青龙寺学习佛教历史，到高陵考古发掘工地学习秦、汉墓葬知识，到考古研究院泾渭基地的文物库房学习文物知识……他说，自己从2010年就开始着手写《图说秦东陵》，这本书将以图文并茂的形式全面展现他们在秦东陵的工作、学习、生活等情况，预计不久就将面世。对这本书，我们满怀期待。

应该说，正是在以杜应文为代表的秦东陵守护者们的努力下，秦东陵的完整、国家财产的安全才得到保证。他们，理应得到人们的敬意。

　　这个工作在外人看起来就只是一天例行公事的几次巡查，但实际上要做的工作非常多，我能感觉到自己的担子很重。虽然看上去不起眼，每天跟看坟地的一样，其实，实际意义是非比寻常的，有时候一想起来，都有抑制不住的兴奋感。

　　现在对周围的村民、环境、工作内容都了解得比较清楚，每天也是被自己的工作激励着，热情很高，如果区上再把这里的硬件投入落实下来的话，就更好了。

❶ 秦东陵

秦东陵位于西安市临潼区斜口街办，发现于1986年，钻探发现4座陵园，总面积约24平方公里。据《史记》记载，葬于东陵的有秦昭襄王夫妇、庄襄王夫妇以及宣太后、悼太子诸人。

秦东陵一号墓一号陵园位于西安市临潼区斜口街道办事处韩峪乡东北，陵园区域涉及范家庄、马庄、东门村、枣园村等村组。二号陵园位于一号陵园东北方向约1500米处，地形为自西向东大约30度的斜坡。三号陵园位于武家沟村北100米处，东南距一号陵园约1500米。四号陵园位于小峪河南岸，亦为山前另一冲积扇面，与一号陵园隔河相望，相距约2500米。1992年，陕西省人民政府划定秦东陵保护范围为：东至三塚坡，西至韩峪古河道，南至井深沟，北至武家坡村。

秦东陵的发现填补了战国时代秦王公陵墓重要的一段缺失，使春秋早期至秦始皇时期的秦国陵园遗迹首尾相接，形成序列，从而把秦国陵园制度的完整性全部昭示出来，为研究秦国的政治、经济、军事、文化等的发展演变提供了珍贵的资料。

2006年5月25日，秦东陵被国务院公布为第六批全国重点文物保护单位。

2010年，陕西省考古研究院与秦东陵文物管理所成立秦东陵联合考古队，重新对秦东陵保护范围开展严密细致的考古调查勘探工作。此次活动，除核实确认原文物遗迹点外，又新发现200余处地下文化遗存。

历尽沧桑的秦东陵

秦东陵一角（一）

秦东陵一角（二）

② 莲藕基地

临潼区城东部的马额镇与零口镇一带，有大片的莲藕基地，是人们欣赏美景、品尝美食的佳地，也是各地客商的重要目的地。

位于马额镇北3公里处的荣村沟，辖8个村民小组450户1888人，耕地2478亩，莲藕种植户230户，占总农户的51%。生产的主要品种是富平长白莲，该品种质脆、肉厚、味甜，深受市场欢迎，产品畅销西安、渭南等地。

这里土层深厚、土壤肥沃、水资源丰富，加之龙河、土门河均发源于秦岭北麓，流域内无污染源，畜牧业发达，为莲藕无公害生产提供了得天独厚的自然条件。该基地利用了零河水库、龙河、土门河交汇地带的滩涂地，于1998年开始建设，目前面积已达到1500亩，已被省农业厅认定为"无公害莲藕生产基地"。

当地村民介绍说，每年夏天莲花盛开的时候，都会吸引很多游客前来观赏，有的拍照，有的划船到河中央，或采莲花，或躲在花与叶中玩耍……好不热闹。到了挖莲菜的时候，不但有全国各地的经销商来这里采购，更有大批的游客来这里品尝新鲜莲藕做成的各种美食。

对于原本是冲着临潼兵马俑、华清池等名胜古迹而来的外地游客来说，这富有特色的莲藕基地真可算是意外之喜了。

作为临潼的莲藕基地，这里不但为临潼人民带来了经济上的收益，也为临潼发展增添了别样风采，更为临潼这座著名的旅游胜地带来了新的发展契机和希望。

莲叶与莲花

莲花

荷塘远景

02

华夏民族服饰文化的传承者
姜姗秀

姜姗秀,

原名姜凤,

华夏民族服饰文化及手工艺制作传承人。

她梦汉服,说汉服,做汉服,穿汉服,

痴迷至今,学徒近千,

成为华夏民族服饰文化的

执着宣传者。

身着汉服的姜姗秀

翩然汉韵一佳人

青丝为笼系，桂枝为笼钩。

头上倭堕髻，耳中明月珠。

缃绮为下裙，紫绮为上襦。

这几句诗出自汉乐府名篇《陌上桑》，它不是直接描写采桑女罗敷的美貌，而是通过对衣饰等的铺陈来侧面展示。其中的"襦""裙"为我国古代汉民族的日常衣着之一，它与深衣共同构成汉服女装的基本形式。

在秦始皇陵兵马俑博物馆附近，有一个建得古典幽远

只见一位五十多岁的妇人款款走来。她身着一套大红曲裾，辫子随着头饰绕匝，脸上画着淡妆，眉目高挑，有一种独特的美。

的秦俑村，执着于汉服传承、制作的手工艺人姜姗秀就将工作室设在这里。

这天，出门迎接我们的，是她的弟子兼经纪人赵晁艺。他将长发扎成马尾，穿着一身与众不同的汉民族服装——裋褐，让人一下子就感受到他对民族传统服饰的感情。

正往里行，眼前突然一亮，只见一位五十多岁的妇人款款走来。她身着一套大红曲裾，辫子随着头饰绕匝，脸上画着淡妆，眉目高挑，有一种独特的美。更特别的是，她手里还拿着一个固定着刺绣的绷子，让人仿佛看到她翘起兰花指飞针走线的情景。现代社会，怎么还有着这样一位古典风韵的人物？她是从汉朝宫廷里走出来的吗？

大家马上猜到，这就是姜姗秀。她看起来略带羞涩，但注意到我们对她的衣着感兴趣时，就娓娓谈起汉服来，说这是大红底银灰花样的亚麻广袖双绕大曲裾，是自己的得意之作，又说头上的头饰也是自己制作的。她指出，"曲裾"是华夏衣冠体系中深衣的一种，其后片衣襟接长，加长后的衣襟形成三角形。像她这件环绕两圈的曲裾，在汉民族传统中，只有会见重要客人时才会穿。

霓裳之梦起幼时

姜姗秀的工作室古色古香。

一楼的大厅兼作会客处，正中摆着一张大圆桌，铺着花纹精美的桌布。南面靠墙处摆着一架织机，上面的布织了一半。旁边书架上陈列着各种照片和证书，照片主要是她穿着自己做的传统服饰和名人的合影。书架一角还摆着两幅放大的照片，是她年轻时拍摄的艺术照。

二楼是工作间，她的作品就是在这里裁剪缝制出来的。其中一间房里，摆着六台缝纫机以及绣花用的仿古绣凳、绣台，各式汉服成衣挂在旁边的衣架上，更高级的礼服则精心收入礼盒。

回到一楼，姜姗秀又即兴展示了茶道。伴着淡淡的茶香，她谈起自己与汉服的情缘。

她说，自己出生在一个虽不富裕但家教很严的家庭，小到走姿、坐姿等细微处都有严格要求，家里的女性都非常擅长女红，这使她从小就受到熏陶。她向姥姥学习刺绣，并对传统服饰制作非常着迷，八岁时，她就拿着母亲做衣服剩下的布头做了一个肚兜，虽然十分粗陋，可母亲还是发现了她的天分，便任她发挥。于是家里的各种小布头都成了她练习的材料，她做香包、做头花、给玩具做衣服……

成年后，她顺理成章地进入了轻纺行业，这时，很多幼年时获得的技艺都有了用场。业余时间里，她又琢磨着做起汉服来。随着手艺越来越好，她做的汉服不但好看，上身后的感觉也与众不同，客户们都很满意，于是，更多的订单纷

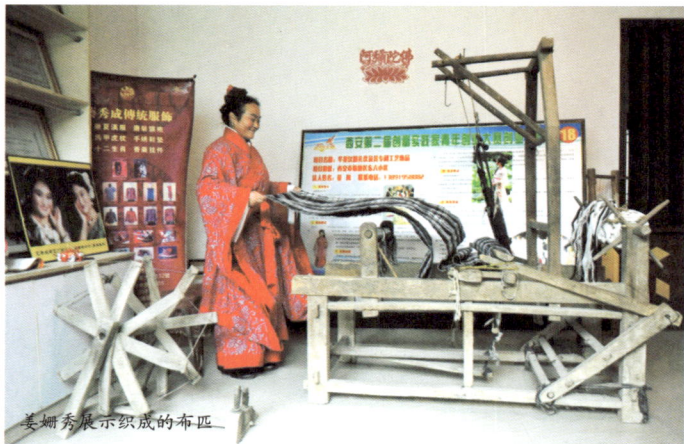

姜姗秀展示织成的布匹

她说，自己出生在一个虽不富裕但家教很严的家庭，小到走姿、坐姿等细微处都有严格要求，家里的女性都非常擅长女红，这使她从小就受到熏陶。

鸿福照千秋

财發喜恭

实田巷
06

秦俑村里显汉韵

山路弯弯

纷飞来。打的交道多了，很多客户就和她成了朋友。

有的客户特别喜欢姜姗秀的手艺，特意请她亲自动手，虽然她的徒弟中不乏佼佼者。有一位朋友，不但喜欢她做的衣服，而且觉得她做衣服的过程也十分神奇，非要拍摄记录下来，要将影像与汉服一起留给后代。受到这么高的推崇，很大程度上是她早已把对汉服的热爱融入一针一线中。对她而言，缝制汉服是一种享受，更是一种使命。只要一有时间，她就会在工坊里飞针走线，直至深夜，常常伴着未完工的汉服入梦……

痴迷五十载，收获不断

在姜姗秀看来，汉服神韵十足，文化积淀深厚，以致五十年如一日地痴迷不悔。她觉得这种痴迷是与生俱来的，也许，这就是佛家所讲的"宿世因缘"吧。每当穿着汉服时，她就产生一种与之血脉相连的感觉，仿佛回到了充满神韵的大汉王朝。

正是这种痴迷，让她的汉服走出临潼，得到世人认可。2009年3月，临潼区妇联授予她"巾帼文体标兵"称号；10月，她成为"陕西省首届妇女手工艺技能品大赛"华夏汉服制作唯一大奖得主，并获得"陕西省妇女民间手工艺能手"称号。也是在这一年，她先后受到陕西省妇联主席刘丽鸽、时任陕西省委书记赵乐际、陕西省文化厅副厅长蒋惠莉的接见，并得到鼓励。2011年端午节，她受邀

感受唐昭应城遗址的"新生"

在世园会长安塔前做汉服展示，备受媒体关注；11月，她受邀到北京国家会议中心为北大汇丰年会配置汉服。2012年4月，她受邀参加"壬辰年清明公祭轩辕黄帝典礼"，并为嘉宾设计制作礼服……

也正是这种痴迷，让她不断迎接挑战，做出更加经典的作品，大明宫国家遗址公园探索博物馆的五套历代华夏服饰复原作品便出自她的双手。当时，主管单位找了很多人试做，但都不满意，最终，是姜姗秀的高超技艺打动了他们。

对姜姗秀而言，复原工作难度不小。她查阅大量资料，并发挥想象，最终将汉服神韵完美再现！其中一件黄色的真丝大袖衫，胸前刺绣富贵牡丹，衣袖宽大，披帛拖至地面，尽显大唐雍荣高贵之气。最令她欣慰的是，观众纷纷表示叹为观止，连很多汉文化研究方面的专家都深表认可，并最终被大明宫博物馆永久收藏。每当这五套服饰展出时，就有很多观众被深深吸引而久久不愿离去。

身着汉服传神韵

姜姗秀深感自己有责任、有义务把中华民族美好的东西传承下去。

早在做汉服之初，她便开始义务宣传华夏民族服饰文化了；也是从那时开始，她不再穿西式服装了，而是身体力行地宣传汉服。

实际上，她在西装与夹克衫制作方面也很有造诣，但正式开设工坊以后，她就将全副身心都投入汉服的设计制作中了，再也没有做过西式服装。

此外，不论是居家还是工作，她都穿着相应款式的汉服。外出时同样如此，她穿着古典的汉服，悠然特立于满是现代服装的大街上，对旁人投来的惊异眼神浑不在意。有一次去北京，她依旧穿着汉服，想挡一辆出租车，结果招了半天手也没有车停下来，最后还是一位好心人帮了她。如今说起这件事，她脸上始终带着盈盈的笑意，也不沮丧，只是把它当成一件趣事而已。

但像这样宣传、展示汉服，她常常是欣慰中夹杂着失落。"我专门（为大唐西市第二届非物质文化遗产项目展）做的几套汉服，在展会上被围得水泄不通，但好多人竟然不知道这是华夏民族服饰，还问我是不是日本的和服。我穿着汉服去逛世园会，许多人也把我当成了日本人，甚至还有人用日语跟我说话。我磨破了嘴皮子，跟他们讲汉服的故事，讲得口干舌燥。"在她看来，汉服这么好的东西被世人遗忘了，我们应该感到汗颜！

一般人想象不到的是，她对华夏民族服饰的痴迷，一度遭到周围人的质疑甚至打击，就连家人也强烈反对。她用自己的坚守与执着默默感染着他们，从而获得了一定程度的理解。如今，儿女们先后考上大学、参加工作了，她终于可以全力做自己的事业了。不久前，经纪人协助她在西安设立了属于自己的一间华夏民族服饰会馆，著名学者肖云儒、陕西省美协主席王西京还先后为会馆题词。

姜姗秀，这位平凡的女性，就这样竭尽微薄之力，坚守着一份非凡的事业，宣传华夏传统服饰文化。付出，便会有收获，衷心祝福她收获更多。

没有任何东西能胜过汉服在我生活中的位置，我可以穿着它走到任何一个地方。

我就是希望通过我的传承，让汉服被更多的华人穿起来，让他们也能在穿着汉服的瞬间，找到那种浓浓的民族之情。

我做这一行就是热爱，五十多年就这样一直喜欢，这种热情从来没有消退过一丝一毫，每次穿针引线都能让我找到真正的自己。

我不是为了出名，就是希望能让更多的人了解、喜欢华夏民族服饰文化。

03

制埙师
姬庆丰

埙，一种古乐器。

姬庆丰，

敢想，敢干，进取，却又知足。

他带领本村的手艺人，将原本的花盆村变成了制埙村；

他做了十几年的埙，手上的活越来越精致；

他不爱打牌、不爱喝酒，

就爱喝喝茶、吹吹埙，

觉得这就是自己的幸福所在。

制埙环节之一——拉坯

制埙^❸业撑起的村落

严寒的冬夜，一首悠扬的曲子在西安文昌门附近悠悠回荡，路过的夜归人闻声放慢脚步，有好奇者问："你吹的是不是埙（sǔn）？"吹奏者答："这是埙（xūn）。"

埙，中国最古老的吹奏乐器之一，《诗经·小雅》曰："伯氏吹埙，仲氏吹篪。"可惜在近百年来，埙却几成绝响。

幸好最近几十年来，经过广大爱埙人士的不懈努力，埙从出土文物变成旅游纪念品，最终复归专业乐器行列。如今，在陕西，爱埙、做埙、吹埙者在国内都占多数。临潼区枣园村的姬庆丰，就是一位专业做埙的，并在业内闯出了一定名气。

为了近距离了解姬庆丰，我们来到了这个出产埙的村落——枣园村。刚来到村口，就看到这里几乎家家户户门口都晾着坝坯。这一件件精巧古拙的坝，让人感到古老的气息扑面而来。

实际上，这个村子以前并不做坝，而是祖祖辈辈传承着另一种同样古老的技艺——做陶制花盆，其产品曾远销国内多省，一度有"花盆村"之称，十多年前才开始转行做坝，但从做花盆到做坝的转折让人惊异！虽然都由泥土制成，但二者之间的差别是如此之大，一个粗糙笨重，一个精致小巧。

这一转折是如何实现的？

与坝结缘

早上十点，冬天的日头刚要升到头顶时，我们来到姬庆丰家，在制坝室外见到了他。他身材精瘦，眉毛广而粗，眼神里透着一种坚定的光芒。

他家所谓的制坝室，其实就是一孔不大的窑洞。他在里面工作了近十年，已经很有感情了，"别看这窑洞破旧，它可是冬暖夏凉"。他每天早上七点起床，晚上十点收工，不停地和泥拉坯，完成订单。

闲谈中，姬庆丰说起自己与坝结缘的传奇经历。

姬庆丰的老家在陕北，十岁时跟随父辈迁居这里，十七八岁时开始跟随父亲制作花盆。由于悟性好，又喜欢琢磨，他很快就掌握了拉坯技术，还经常摸索着做不同特色的花盆。

但这种粗制的陶制品毕竟工艺简单，即使姬庆丰努力创新，价格也没有什么太大的变化。在这种情形下，年轻的姬庆丰不愿再守着老手艺过穷日子了，而是积极地寻求改变。

机会总是青睐有准备的人！20世纪90年代末的一天，姬庆丰去西安闲逛，没想到这一逛竟逛出了名堂——他发现了一个村里人连想都想不到的、和花盆八竿子打不着的行业。

这天，他转到了南城墙里的书院门。这里人流熙攘，大大小小的摊位上摆着让人眼花缭乱的工艺品。突然，在古香古色的小物件中间，颇有几分职业敏感性的姬庆丰注意到了一种古怪的卵形陶器，便拿起来仔细看，其质地和花盆类似，底部呈平面，中间是空的，上端有吹口，壁侧开有小孔。

商家告诉他，这叫"埙"，是一种古老的乐器，在其他地方基本上已经绝迹了，也只有在这样的古玩市场上才能见到。

姬庆丰心里一动，再一问价钱，五十多块！

这让已习惯用分量和大小来估量物品价值的姬庆丰吓了一大跳：怎么可能，做一个花盆的料能做好几个埙，一个花盆才卖几块钱，一个埙却能卖到五十多块钱。那么点土做的小物件，竟然比花盆多赚了十倍！

把账来回一算，他发现，这是一个赚钱的好门路。

试水工艺埙

这天，姬庆丰在书院门的摊位间流连了好久，用心地琢磨那种叫"埙"的乐器。末了，还专门买了一个带回去。

一回到家，他就迫不及待地仿照着做了起来。因为有陶艺基础，他试着做出来的埙倒也像模像样。不过，形状好模仿，在着色这一关上却被卡住了。做花盆是个粗活，不用讲求着色什么的；而埙在这上面却有很高的要求，它的颜色多为黛色，色泽更加饱满、光亮。

姬庆丰正将埙从窑中取出

这一关怎么过？虽然没有受过什么高深教育，但他善于动脑子想，并积极向制作花盆的前辈求教，和人探讨。

终于，姬庆丰的第一窑作品出炉了，看上去还不错。他又抱着试一试的想法，把这些埙拉到西安城试水。没想到一炮而红，自己的作品竟然被抢购一空。

这是怎么回事？原来，姬庆丰制作的这种外表朴素的埙透露出一种古朴、苍凉的韵味，正好满足了陶埙爱好者的需求。

于是，在接下来的时间里，他便大力制作埙。这段时间，他做的都属于工艺埙。这种埙只能用来欣赏把玩，而无法像用于专业演奏的埙即定音埙那样进行演奏，价格自然也较低。在了解到定音埙的信息后，姬庆丰又不"安分"了。

制作"定音埙"

姬庆丰更加关注制埙业的发展，搜集关于定音埙的信息。他了解到，定音埙作为一种乐器，对制作技术要求很高，成品不能空有外形却无法吹奏，调值要符合标准，能与其他乐器合奏。

可惜的是，这时的姬庆丰对音乐可以说是一窍不通。不过他还是找到了解决办法，他请了一位做葫芦丝的老师傅担任校音师，据说此人在整个西北葫芦丝制作界都小有名气。老师傅校音时，他便在一旁用心观察，虚心请教。经过一年多的琢磨、钻研，他的水平甚至超越了这位老师傅，做出的埙的音域也从一个八度拓宽到了两个八度。

如今，他主要负责钻研、制作定音埙。"现在买埙的行家越来越多，对音准的要求不断提高。我天天盯着电子校音器，对着一个个孔吹音校对，就怕有一丝一毫的偏差。"

凭着自己的智慧和执着，姬庆丰在小小的埙上做出了大名堂。这项事业将他与文化紧密地联系在了一起，前几年，他还获得了"西安市临潼区第一批区级非物质文化遗产传承人"的称号。

厚道的姬庆丰致富不忘乡亲，村里人只要有想学制埙的，他就会手把手地传授。现在，全村每年光是工艺埙的产量便达近10万枚，畅销全国各地，甚至接到了来自欧洲的订单。

批发埙的客商来订货时，村民们会仔细询问要F调的还是G调的，而电子校音器则几乎成为这里做埙户的必备工具。

制好的埙

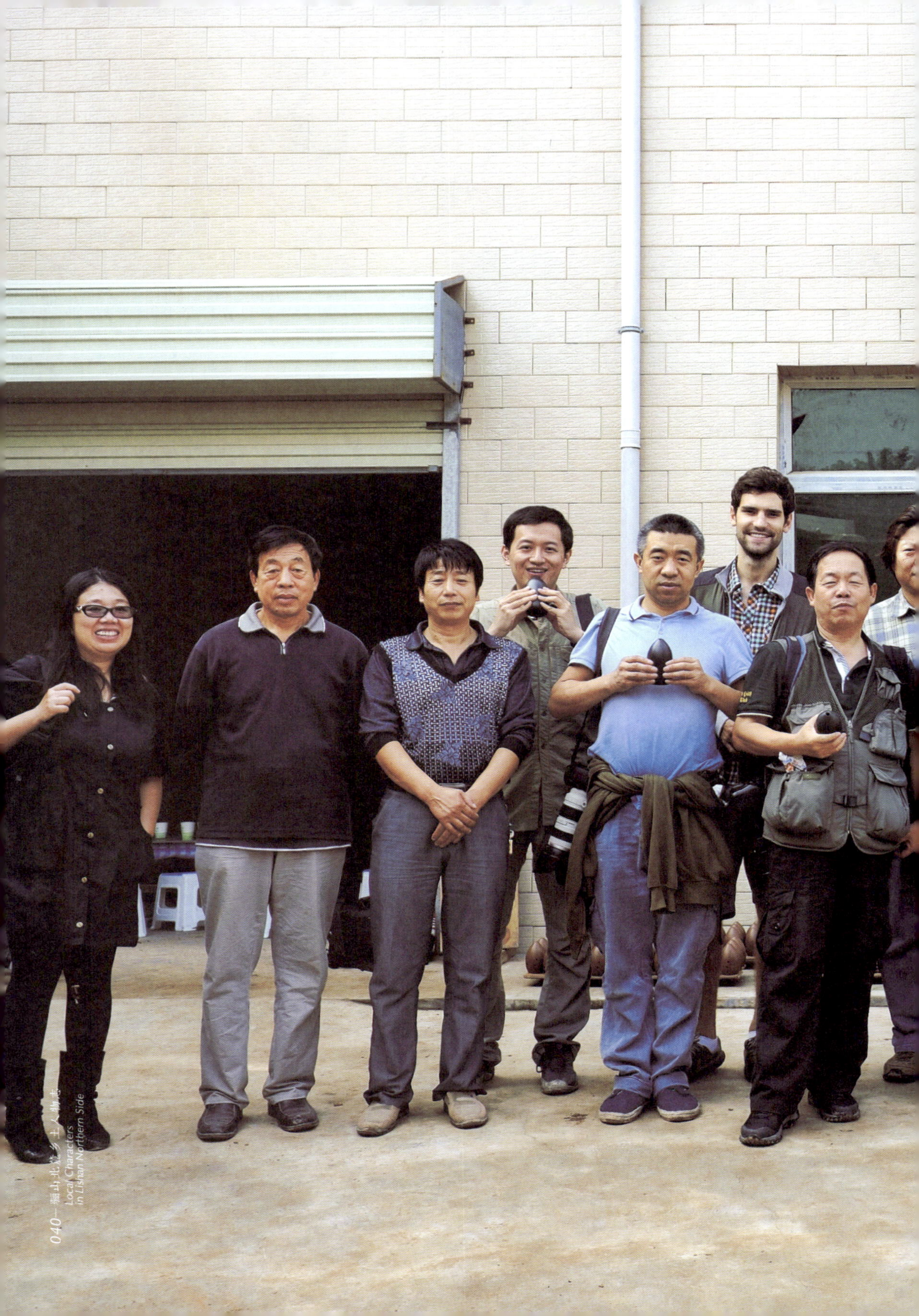

姬庆丰与中国摄影家协会骊山采风团的摄影家们合影(右起第五位)

制埙师的幸福生活

自从投身制埙业以后，姬庆丰家里的收入直线上升，房子盖了，小汽车也买了……这要放在以前，简直是想也不敢想的事。

平日里，姬庆丰总爱给在西安十里铺陪小孙子读书的母亲打打电话，问问她的身体状况、小儿子的学习生活。当听到母亲说"身体一切都好，孩子在学校学习好、也听话"后，他便会心满意足地放下电话，走出去，点上一根烟，看看远处秀丽的骊山，和邻居好友拉拉家常，或在田边野地里走走。

姬庆丰觉得日子就该这么过，不一定非得大富大贵。他说："我能赚够父母孩子的吃穿就满足了……我没想过要去赚多少钱。一天喝喝茶、吹吹埙，我觉得这就是幸福。"短短几句话，道出他的幸福便在那青山绿水间，在那悠扬的古乐中。

说到对未来的设想，他说："我就是喜欢折腾，脑子一刻都闲不下来。现在倒不是为钱折腾，就是想把这个事情折腾出个样子来。现在还是小作坊，怎么能把小作坊做大，怎么能把这些手艺利用好，把自己一个人的事做成村里或者更多人能参与的事，这其实是很需要琢磨的。"

一个人只要有想法、肯付出，再小的领域也能闯出名堂来。愿姬庆丰用自己的勤劳和智慧在制埙领域做出更大的成就！

人只要有想法就不愁。机会啥时候都有，就看敢做不敢做了。当初那么一个火花一闪成就了今天，把我领入文化行业做买卖。

现在的生意好，不过还是要有更多的想法，要不然市场千变万化，谁也不知道哪天这个东西就没人认了。我想着再开发些其他同类的东西，把这方面的技术充分利用起来。

我就是喜欢折腾，一天想个东想个西，脑子一刻都闲不下来，就是想把这个事情折腾个样子出来。怎么能把小作坊做大，怎么能把这些手艺利用得更广，把自己一个人的事做成村里或者更多人能参与的事，这其实是很需要琢磨的。

❸ 埙

　　埙是我国特有的闭口吹奏乐器，是中国最古老的吹奏乐器之一，在世界原始艺术史上占有重要的地位。埙上端有吹口，底部呈平面，侧壁开有音孔。

　　相传埙起源于远古一种叫作"石流星"的狩猎工具。那时，人们常常用绳子系上一颗石球或者泥球，投出去击打鸟兽。有的球体中空，抡起来一兜风能发出声音，人们觉得挺好玩，就拿来吹，这种石流星慢慢演变成了单纯的乐器埙，并逐渐增加音孔，发展成可以吹奏曲调的旋律乐器。

　　最初的埙大多是用石头和骨头制作的，后来发展成为陶制的，形状也有多种，如扁圆形、椭圆形、球形、鱼形和梨形等，其中以梨形最为普遍。

　　浙江余姚县河姆渡遗址发掘的一件陶埙，呈椭圆形，只有吹孔，无音孔，距今约7000年。陕西西安半坡村仰韶文化遗址发现的陶哨，其形略如橄榄，也只有一个吹孔，用细泥捏塑而成，是埙的原始形态之一，距今约6000年。

　　商代的埙比原始社会时期和夏代有了较大的发展，有陶制、石制和骨制的，以陶制最为常见，形体多为平底卵形。

　　战国时期陶埙也多为平底卵形，但也有其他形状的。

　　秦汉以后，埙主要用于历代宫廷雅乐。在宫廷音乐中，埙分成颂埙和雅埙两种。颂埙形体较小，像个鸡蛋，音稍高；雅埙形体较大，音调浑厚低沉，常常和一种用竹子做成的吹管乐器——篪配合演奏。

　　今人改进研制的九孔陶埙，以古制六孔埙为基础，扩展其肩部和内胎，以增大音量，音孔增至八个：前六后二，加上吹孔共为九孔。为便于运指演奏，尽量减少复杂的叉口指法，其音孔按相似于笛子的音孔顺序排列。专业演奏者可吹出26个音，包括两个八度内的全部半音和一个泛音。

　　埙的常用演奏技巧汇总起来，可分为气、指、舌三大类，包括长音、气震音、指震音、唇震音、颤音、滑音、吐音、打音、空打音、循环换气、双吐循环换气及虚吹音等多种。这些技巧是演奏埙时必须具备的。

烧制好的埙

青山绿水间的埙声

04

皮影老艺人
马德功

马德功，

一位表演皮影戏、木偶戏的老艺人，

吃过旧时代的苦，正享着新时代的福。

他虽不识字，

脑子里却有着几十本戏。

艰苦的学戏历程，

造 就 了 他 谦 虚 、

严 谨 的 品 质 和

闻 过 即 改 的 作 风 。

借着窗外透入的微光，
可以看到马老先生身材高大，
腰稍微有点弯，头发、胡子花白，脸上皱纹遍布，
满是岁月的沧桑，
似乎在告诉别人自己身上有很多故事。

马德功老人与老伴

老艺人马德功

在韩峪的街道上，人们经常会看到一位老人背着双手、沿着公路缓缓而行。他就是如今已88岁高龄的马德功，为了锻炼身体，他坚持走路，一次要走至少五六里。

曾以表演木偶戏❹、皮影戏❺为生的老艺人马德功在韩峪特别有名，受到大家的推崇，就连正着手写村史的杨金星都要把老人作为一个重要人物进行收录。原因是什么？不是因为他年纪大，而是他虽不识字却记了许多秦腔本戏，而且表演技艺精湛。即使他现在因为岁数大而忘了一大半，却仍然记着二三十本。这里的"记"，不是单纯的记戏词，而是从唱到演的全套。

这天，我们驱车韩峪，拜访马老先生。此时，西安及其周边地区正迎来一场久违的大雪。汽车沿着韩峪街道缓缓前行，在一个岔路口左转上坡。路两边是白雪覆盖下的大片麦田，透过纷飞的雪花，可见星星点点的绿色，那是冬小麦的叶尖。一个村子静静地躺在前方，那就是我们的目的地——韩峪村马家庄组。

马老先生家的房子是南北朝向。从南门进去，右手第一间是他的卧室。我们进到屋里时，他正坐在床边看电视，看的是秦腔。借着窗外透入的微光，可以看到马老先生身材高大，腰稍微有点弯，头发、胡子花白，脸上皱纹遍布，满是岁月的沧桑，似乎在告诉别人自己身上有很多故事。

一番寒暄后，大家迫不及待地想要听听马老先生的故事。

学戏艰辛

从很早以前开始，马老先生的祖辈们便组成小戏班，辗转各地，以表演为生，他们所在的村子甚至被人称为"戏窝子"。

浓厚的戏曲氛围深刻地影响了马老先生。他八岁的时候，因为家里困难，就跟着自己的八爷和四爸开始学戏，混口饭吃。他们这个戏班子表演的是木偶戏、皮影戏，他所学的当然也就是这两种。

他们白天演木偶戏，晚上演皮影戏。这么安排，可以说是充分体现了对自然环境的有效利用！当然，也是无奈之举，如果有专门的舞台和设备，就不用这么麻烦了。

马老先生兴致勃勃地演示起木偶与皮影在表演上的不同。只见他两只手伸出至眼前，虚握成拳，拇指上挑，缓缓移动，表示双手挑着皮影。随着双手的动作，他嘴里"啧啧"有声，让人仿佛看见皮影在眼前晃动；之后，他又做出双手

皮影戏表演

持着木偶进行表演的动作，让人明白他表演的是杖头木偶，而非其他地方常见的提线木偶。他的双手灵活地动着，就像手上真的有一个木偶一样。

老人强调，不论表演哪一种，都要做到嘴里唱着、手上动着，还得做好配合，丝毫乱不得。

要知道，唱戏本就不是一件轻松的事，对一个艰难求存的小戏班而言更是如此。每次刚过完年，他们就从临潼出发，开始了又一年的奔波。像"逐水草而居"的游牧民族一样，他们在一个地方表演几天，又赶往下一处。北至铜川，东至渭南，西至高陵，各个乡镇、各个自然村，他们都去过。还是个孩子的马德功跟着戏班辗转各地，还要坚持训练、表演、干杂活，备尝艰辛。可为了生计，他只得咬牙坚持。

他的坚持，终有所获，几十本戏成为他一生的财富，而这与他善于思考和总结密不可分。他在学戏时，要求自己做到三点：第一，记戏词；第二，记清人物的模样，以及穿啥戴啥、出场往哪里走，人物不能乱跑，"羊有羊的路，牛有牛的路"；第三，掌握人的脾气、性格及人物出场的次序，哪个角色先发声，哪个人物后出场，绝对是不能乱的，得按规定的路数来。

老人说，单是戏词一项，要做好都不容易。只记住还不行，还得把字念对。

有一回，他就把一个字念错了。前面的演员说："老爷，你我有了女也当得了半子。"下来由他接上，本应是："夫人，你言话差矣。'养女如栽花，井月不如草'，有了女怎能当得了半子！"他却不小心把这句里面的"半子"念成了"半自"。这一下可不得了，八爷正坐在场边敲鼓，竟然气得双眼一闭，头向后一仰，晕倒了。八爷醒来后，让他说一下"半自"是啥意思，"哼哼，（把我）一下吓得"。还有一回唱《香罗带》，他不小心把"匪"错唱成了"飞"了，又被长辈训了一顿。

就在这一次次磨砺中，马老先生继承了祖辈严格认真的传统。他认为一个好演员，就是要把式好。相比于现在学校教学生的方法，他更推崇原先师父收学徒的方式。他

老人强调，不论表演哪一种，都要做到嘴里唱着、手上动着，还得做好配合，丝毫乱不得。

提线木偶

说，现在戏校里的学生，学了几年，还不知道学得怎么样就毕业了；好多演员，对于戏词都没有好好理解。

他举了一个例子。《五郎出家》里有一句，本来唱的是"大破了幽州折战马，我面前来了一老妈"，现在唱的都是"大破了幽州折战马，观音老母点化咱"。听到这句唱词，他很痛心：你杨五郎又不是神，咋知道是观音老母点化你？

老人又指出，不好好琢磨人物，就演不好。就算是同一类人物，身份、性格不一样，招牌动作也就不一样，绝对不能张冠李戴。包拯和徐延昭都是大花脸，但徐延昭可以抡胡子，包文正就不能抡，而是要捋胡子，因为徐延昭是武将，而包文正是文臣。

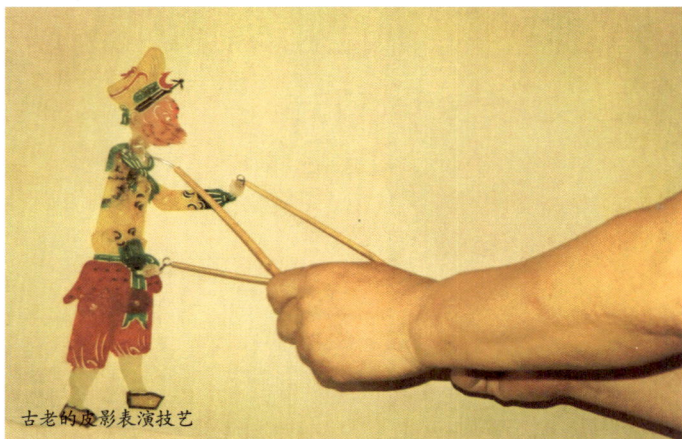

古老的皮影表演技艺

声名远播

日月如梭，光阴似箭。在奔波劳碌中，马德功一天天长大，技艺也日渐成熟，慢慢在这个小小的戏班子里担任起了重要角色。

在这期间，还发生了一件对他们来说颇为惊心动魄的事情。1936年，他们正在铜川演戏，"西安事变"发生，听说蒋介石被张学良和杨虎城扣押了，南京政府有人威胁说要把临潼县炸成瓦碴堆，他们就赶紧回来了。马老先生他们没想到，自己竟然是以这样一种方式参与了改变中国近代史的重大事件。

二十世纪六七十年代，木偶和皮影艺术被当作"四旧"，横遭劫难。改革开放后，临潼、渭南恢复了木偶戏、皮影戏，当地的剧团都请他去表演。他先在渭南的剧团干了三四个月，之后又分别在临潼和白水的剧团干了四五年，并始终是"灵魂人物"，深受敬重。

当时到外地去，需要有介绍信。他们临潼的剧团到甘肃演出时，带队的领导之间发生了矛盾，介绍信竟被其中一位带走了，这可把团员们给难住了。他们把长途电话打回临潼，剧团领导听了事情原委之后，只问了一句："你没看老马咋样了？"

"好着呢。"

"那就没事，你放心！"领导以此表明了自己对马老先生的器重与信任。

还有一次，他带领剧团在渭南表演，上午唱完了《苏三起解》，中午休息时，一位穿着、长相普普通通的老人对他说："老哥，请教一下。"

他赶紧站起来说："是兄弟，可当不起你叫'老哥'。不敢说'请教'，是'意见'或者'建议'！"

"唱《苏三起解》，崇公道咋没备枷？"原来，在这部戏里，衙役崇公道押解苏三时，应该事先准备木枷，在起程时给她戴上。

马老先生一听就知道，眼前这个人是个行家。他赶忙解释道："按道理要备枷。不过，咱这皮影是一张单皮，要是备枷，就立不起来了。"

对方一听就明白了，说："哦，

痴迷秦腔的临潼人

老人的讲解声情并茂

这件陈年旧事，说明了『内行看门道，外行看热闹』的道理，也说明马老先生在木偶、皮影表演上的成就实非凭空得来。

可以原谅。戴枷的时候，是苏三自己戴呢，还是崇公道戴呢？"

"崇公道戴呢。"

"那我看崇公道在那边立着连动弹都没动弹。"

"哎呀，老哥，这个意见提得好，怪我没有给娃说。"马老先生赶紧表明是自己没有给团员讲清楚。

"你好歹摇一下，就当是苏三戴枷了。"对方给出了建议。马老先生真心地表示了感谢，这确实是个好办法。

这件陈年旧事，说明了"内行看门道，外行看热闹"的道理，也说明马老先生在木偶、皮影表演上的成就实非凭空得来。而他又能主动为下属担责，则获得敬重实在情理之中。直到今天，依然有戏曲界的后辈不时前来拜会他。

绝技传承是问题

我们本认为马老先生的这手绝活传承肯定不成问题，但没想到的是，他早在二十多年前就把自己的皮影、木偶等道具都给扔到沟道里了，也没想过把这些东西留下来。到底发生了什么？

老人说起了自己幼年入行时的情景，他嘴一张，手一挥，发出一声长叹："唉——唱戏的苦得很。人都看不起，把我们这些人叫成'巧要着吃的'。"他们每到一个村子里，唱几晚上戏，都是别人给管饭，再给些钱。戏班子里的孩子嘴都要甜，见了主家要叫"爷""婆"。挨饿受冻是常事，由于练得不好而挨打的事也没少经历。而且，当时正是20世纪初，社会上仍把他们这一行归入"下九流"，唱戏的死了都不能进祖坟。他也亲眼看到当时很多艺人参与打牌、赌博，走上了歪门邪道。

1949年以后，老人的境遇有了改变，他说："自从来了共产党、毛主席，唱戏的就过得好些了。"但他在这一行吃了太多的苦，所以就不想让后辈们再进入这个行当了，最终，他的儿子成了一名国家公务员。

更让人遗憾的是，当他有了传授绝技的想法时，却发现周围的年轻人大都不看皮影戏、木偶戏了。偶尔有想学的年轻人，却也吃不了苦，对戏文里的字念得正与不正不太在乎。心灰意冷之下，他只能把木偶和皮影扔的扔、烧的烧。

如今，能让老人与昔日的演戏生涯产生联系的，就是戏曲界后辈们的拜访，或者他自己看戏、听戏、唱戏。

我们向老人告辞时，他的谈兴还很高，说要唱上一段，因为没有弦索伴奏，于是决定清唱几句。他坐在床边，拉开架势，唱了很长一段《伍员逃国》。他声音浑厚，唱得高亢激昂、抑扬顿挫，让人真切地体会到伍子胥悲愤、惶急的心情。

临潼乡间小景

离开时，已是暮色四合。坐在车中，回首望去，两道车辙从村子里延伸而出，在白雪映衬下，格外分明。整个村子也在暮色中显得更加宁静、安详，似乎进入了梦乡。不知道会有多少传统的绝技也如这个村庄一般，因为种种原因而慢慢地陷入沉睡？

补记：

春节过后，我们再次拜访老人时，却惊悉他与老伴已然在腊月间相继去世。这真是令人不胜叹惋！再也听不到老人唱秦腔了，也见不到老人背着双手走在大街上的身影了……

老人曾时常走在凤凰大道上

人物独白：

唱戏的苦得很。人都看不起，把我们这些叫成"巧要着吃的"。
自从来了共产党、毛主席，唱戏的才过得好些了。

④
木偶戏

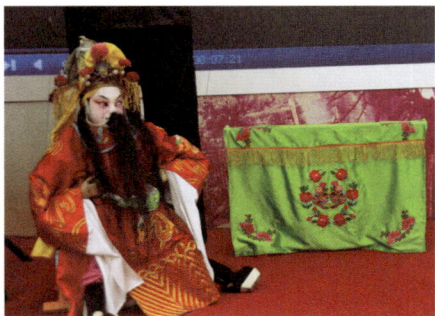

提线木偶表演

木偶戏是由演员在幕后操纵木制玩偶进行表演的戏剧形式。中国木偶艺术，古称傀儡戏，是中国艺苑中的一枝奇葩，历史悠久、源远流长，品种繁多、技艺精湛。

它由木偶、操纵演员、配音演员和乐队四部分组成，多用戏曲曲调，有的用对话或歌舞表演。

根据木偶的结构和演员操纵方式等方面的差异，又可分为提线木偶（又叫"线胡子"）、杖头木偶（又叫"肘胡子"）、布袋木偶、铁枝木偶、药发木偶等五种。

中国的木偶戏兴起于汉代，至唐代有了新的发展，能用木偶演出歌舞戏。宋代是我国木偶戏发展的一个重要时期，木偶的制作工艺和操纵技艺进一步成熟。随着社会经济的发展，明代木偶戏已流行全国，经济发达的南方各省区木偶戏更为繁荣，故有"南方好傀儡"之说。清代以后木偶戏进入全盛时期，流行范围广，演出声腔也日益增多，出现了辽西木偶戏、漳州布袋木偶戏、泉州提线木偶戏、晋江布袋木偶戏、邵阳布袋木偶戏、高州木偶戏、潮州铁枝木偶戏、川北大木偶戏、石阡木偶戏、郃阳提线木偶戏、泰顺药发木偶戏、临高人偶戏等分支。

1949年以后，木偶戏的表演更加丰富多彩。除了演出传统的戏曲节目外，还表演话剧、歌舞剧、连续剧，甚至出演广告等。2011年11月27日，提线木偶被联合国教科文组织列入"人类非物质文化遗产代表作名录"。

❺ 皮影戏

皮影艺术

皮影戏是一种用兽皮或纸板剪制形象并借灯光照射所剪形象而表演故事的戏曲形式。其流行范围极为广泛，表演时艺人们在白色幕布后面操纵戏曲人物，用当地流行的曲调唱述故事，同时配以打击乐器和弦乐，有浓厚的乡土气息。

皮影戏种类繁多，区别主要在声腔和剧目方面，影人制作和表演技术则大同小异。

各地皮影的音乐唱腔风格与韵律都吸收了各自地方戏曲、曲艺、民歌小调、音乐体系的精华，从而形成了众多流派。

皮影制作考究，是用牛皮、驴皮、马皮、骡皮等，经过选料、雕刻、上色、缝缀、涂漆等几道工序做成。制成的皮影高的达55厘米，低的有10厘米左右。皮影人的四肢和头部是分别雕成的，用线连缀而成，以便表演时活动自如。

皮影表演道具主要为影窗，俗称"亮子"，一般高3尺，宽5尺，最高不过4尺，宽不过6尺，以白纸作幕，以便单人操作。其次为油灯一盏，用以映射影人和表演动作。表演时，一个皮影要用五根竹棍操纵，艺人不仅要手上功夫绝妙高超，嘴上还要说、念、唱，脚下还要制动锣鼓。

05

临潼"石榴王"

房树轩

房树轩，

对石榴种植及相关知识了若指掌，

这是由于他的积极进取，

而这种性格也造成了他爱好广泛，多才多艺。

同时，他还是个

热心人。

西安市临潼区 果友石榴专业合作社

临潼的石榴红了

临潼石榴[6]

要了解临潼，就一定要了解临潼的石榴产业。

临潼是著名的石榴产地，所产石榴集全国石榴之优，素以色泽艳丽、果大皮薄、汁多味甜、核软鲜美、籽肥渣少、品质优良等特点著称于世。

关于临潼石榴的来历，还有一个美好的传说。相传女娲炼石补天，将一块红色宝石失落在骊山脚下。有一年，安石国（安国指今日的布合拉，石国指塔什干）王子打猎，救了一只金翅鸟。金翅鸟为了报答救命之恩，将万里之外骊山脚下的那块红宝石衔到安石国的御花园，不久就长出一棵奇树，花红叶茂，国王给它赐名"安石榴"。公元前119年，张骞出使西域，来到安石国，正值此地大旱，便传授他们汉朝兴修水利的经验，救活了百姓和这棵石榴树。张骞回国时，谢绝了金银珠宝，只收下了一些石榴种子。从此，骊山"红宝石"变成的石榴，在长安上林苑和骊山脚下繁衍开来。而张骞则因西域凿空之行，被封于今天的骞村（又称"张铁村"），赐号"博望侯"，并在当地留下了一处佛教圣地——鹦鹉寺❼。

博望侯此举，不仅为人杰地灵的骊山增添了文化遗迹，而且使临潼成为中国石榴文化的发源地。

在诗人的笔下，不时可见石榴的身影。白居易曾写诗赞美："日照血球将滴地，风翻火焰欲烧人。""闲折两枝持在手，细看不似人间有。花中此物是西施，芙蓉芍药皆嫫母。"孔绍安在《咏石榴》中则说："可惜庭中树，移根逐汉臣。只为来时晚，开花不及春。"韩愈《榴花》诗中赞美石榴花："五月榴花照眼明，枝间时见子初成。可怜此地无车马，颠倒苍苔落绛英。"……

而在国人的生活中，石榴被视为吉祥物，象征多子多福，"千房同膜，千子如一"。民间婚嫁，常于新房案头等处放置切开果皮、露出浆果的石榴。此外，石榴还是馈赠客人的佳品。

临潼是著名的石榴产地，所产石榴集全国石榴之优，素以色泽艳丽、果大皮薄、汁多味甜、核软鲜美、籽肥渣少、品质优良等特点著称于世。

"石榴王"房树轩正在进行果树管理

临潼"石榴王"

　　要了解石榴产业，就一定要了解临潼种植石榴的人。临潼有不少种植石榴的高手，其中的房树轩名头最响，被人称作"石榴王"。

　　房树轩的家，就在骊山脚下的胡王村房西组。顺着坡路上去，走过一字排开的农家小院，远远地，可看见他家在最里面较高的斜坡上，一面红旗在房顶上迎风翻卷。

　　车子刚在门口停下，一位老太太就迎了上来，她就是房树轩的老伴。老人个子不高，虽已六十多岁，仍精神饱满。

我们跟着她走进院子里。小院很安静，头顶是高高的葡萄架，正屋门边挂着"西安市临潼区果友石榴专业合作社"的牌子，再过去是给石榴装箱的工作间，旁边堆放着许多红彤彤的火晶柿子；左边是一间冷库，冷库门口还堆放着大量的白石榴。

"快进屋里来，我给你们剥几个石榴尝尝。"老人一边说着，一边去冷库里拿石榴。

此时，一个长相喜气的老汉从房里出来，这就是房树轩。他穿着深蓝色中山装，看起来五十多岁。

随房树轩走进正屋，只见墙上都挂满了照片，有他在央视《金土地》等栏目做嘉宾的照片，也有省上、市上领导接见他时和他的合影，还有他参加贸易洽谈会的照片，甚至有他去日本、韩国推广石榴的照片。对于自己丰富的经历，老人很自豪，滔滔不绝地为我们做着介绍。

"石榴王"的能耐

房树轩是正宗的"老三届"，可惜在高考前五天放弃了参加高考的机会。他高中毕业后，就开始了石榴种植，没想到，这一种就是四十多年，还种成了临潼"石榴王"。

说他是"石榴王"，因为他心里早有了一本"石榴经"，还拥有高级农艺师的证书。从石榴的防虫、嫁接、种植技术，到石榴的销售、研究，没有他不精通的，连西北农林科技大学的教授都要跟他学有关石榴的学问。

"我和石榴打了四十多年交道，石榴的各种特性都摸得一清二楚。西北农林大学的研究生们听我讲关于插苗、嫁接技术，都说老师没我交代得明白。为啥？

骊山北麓多土石榴志
Local Characters
In Lishan Northern Side

五月榴花照眼明

还不是因为时间长了，对石榴了解得深入了嘛。石榴跟人是一样的，是有脾性的。时间长了，脾气、个性我都能摸得差不多了，所以插芊子插一个活一个，插十个活十个。人家一亩地能收入三千多块钱，我就能收入五千块。"

收入这么好，也与他多年来一直坚持保证石榴品质是分不开的。他痛心地说道："现在市场上很多所谓的'临潼石榴'，都是不法商贩用外地石榴假冒的。真正的临潼石榴是没有那么大个儿的，也没有那么红。'阴坡石榴阳坡桃'，白皮的石榴质量最好。"临潼石榴药用价值比较高，但并不像其他地方产的那么甜。

当然，作为临潼"石榴王"，他已不只是关注石榴的种植和销售，更想着怎么把石榴产业做大做好，为此，他不断开拓思路。他卖的都是质量上乘的果子，再加上出了名，有不少人专程找他买石榴，他家俨然成了石榴销售信息站。他就寻思起对外收果子，转手销售，不图赚钱，而是以自己"石榴王"的名气带动乡亲们一起致富。家里的冷库，就是为此而建的。目前，他觉得这个冷库还是太小，能存的石榴太少。

他还深入研究了临潼石榴生长的各种条件，认为临潼的石榴之所以出名，是因为这里的气候好、水土好。临潼的水是富含钾元素的温泉水，对石榴的生长最有利，所以临潼石榴含糖量比较高，而且钾的含量也很高。

他大力宣传临潼石榴的药用价值，并推崇其中富含的钾元素，因为，"在化学元素里钾的活性特别高，富含钾元素的石榴可以代谢身体里的肿瘤病毒成分，所以现在一些研究癌症的专家都在研究石榴里的防癌成分"。

这位地地道道的农村老汉嘴里不断吐出"钾""活性"等专业术语，让人觉得有趣。越是深入接触，越能感觉到他对生活的热爱、不断探索的精神。

房树轩的电话不时地响起

多才多艺的热心人

和房树轩聊天期间，不时有村里人来找他，或询问事情，或催他去吃酒席。对此，他说，村里谁家里有大事，尤其是谁家里有红白喜事，他都少不了去帮忙，每次都要从头忙到尾。一天像这样的"杂事"也是多得不得了。

虽然他说这话时的口气像是在抱怨，但脸上的笑容却表明他其实很乐意做这些。看得出，他是一个热心人，对于这种忙碌的生活很享受。

更让大家佩服的是，他虽然每天有这么多正事、杂事要忙，但仍有时间发展自己的爱好。

堂屋靠墙处整齐地堆放着不少印刷精美的石榴包装盒。盒上绿叶扶疏，几颗通红、硕大的石榴居于其间，让人看一眼便口舌生津。房树轩自豪地说："这都是我自己拍摄、自己设计的。我对摄影特别感兴趣，还加入了临潼区的摄影协会，只要有活动，我必然到场。"

他又介绍说，2011年9、10月份，央视《倾国倾城》栏目组专门在临潼拍摄关于临潼四大特色的节目，其中就有石榴，栏目组邀请他当参谋，参与节目制作，他的很多建议都被采纳了。

石榴园里话养生

大家跟在房树轩身后，沿着一条向上蜿蜒的小径鱼贯而行，去参观他家的石榴园。小径两旁是优美的田园风光，右边是一座座农家院落，左边是连绵的石榴园。

转过了一道弯，房树轩指着不远处的一棵大树说："看见那棵大槐树了没有？我家的老房子就在那里。"沿着小路，来到这棵国槐所在的平台上，只见它主干粗壮，一个成人都抱不过来。在房树轩的记忆中，他小的时候，这树就这么粗。他看看老宅子，又拍拍树干，似已陷入深远的回忆中。显然，这棵槐树虽没有 胡王汉槐❽ 那么有名，却在他生命里占有重要位置。

绕过一座房子，就来到了石榴园。他一边在田间小径

房树轩老宅前的古槐

雪后石榴园

上行走，一边介绍自己种的各种蔬菜："这边是青菜，那是菠菜，那是蒜苗……"陡然在万物萧疏的冬日里见到青翠欲滴的绿色，只觉眼前一亮，精神顿时振作不少。

看着房树轩精神的样子，大家以为他才五十多岁，没想到他今年已经六十九岁了。问起他的保养秘诀，他哈哈一笑："哪有啥保养秘诀！也就是多活动、多吃石榴、心情畅快罢了！别看我们这山沟沟里，村里长寿老人那可多了去了，为啥呢？西北农林大学的教授曾来我们的石榴园检测过，这里的氧气含量几乎与医院氧气房的氧气含量差不多。氧气足了，人血液就活泛了，身体自然就好了。再加上我们爱吃石榴，也用石榴芽、石榴叶泡茶喝，保肝明目、软化血管，你说这样的环境下身体能不好吗！"

"老骥伏枥，志在千里。"年近古稀的房树轩仍怀着一颗如石榴般火红的心，继续前进，把一腔深情都倾注在石榴上……

我们爱吃石榴，也用石榴芽、石榴叶泡茶喝，保肝明目、软化血管，你说这样的环境下身体能不好吗！

人物独白：

　　临潼的石榴是怎么回事，市场是怎么回事，我心里账目清清楚楚，这几十年跟石榴打交道，磨出来的功夫那不是谁一天两天就能学到手的。

　　我现在不愁吃不愁穿，再干也都是为大家做事情，我不图挣钱，人家把石榴交到我这儿，我要是挣人家的钱，不会有人还和我打交道的，都是熟人，人老几辈都认识的，咱也只是利用这么几十年积攒下来的信息渠道给大家做做事。

　　咱就希望临潼的石榴能更有名，品种更丰富，现在还有很多市场可以挖掘，也有人搞石榴汁啥的，我们不能光让石榴成个送人的礼品，而不发挥出石榴本身的药用价值。

❻ 石榴

石榴，学名安石榴，别名丹若、沃丹、冉若、金罂、金庞、天浆、若榴等，具有极高的营养价值、药用价值、工业价值。

临潼石榴根据植株状况、叶形大小、果实色泽和口味甜酸，可分为普通石榴（食用种）和花石榴（观赏种）两大类。这两大类中又有红白之分：红石榴嫩梢、叶柄、花、果、皮和籽粒皆呈红色；白石榴除梢叶同于红石榴外，花、皮、籽粒均呈黄白色。普通石榴按果汁又可分甜、酸两个品种群。甜石榴中有"临潼净皮甜""临潼天红蛋""临潼鲁峪蛋"三大品种；酸石榴中有"大红酸"和"鲁峪酸"两大品种。普通白石榴目前仅有甜石榴一种，即"临潼三白"，它因花瓣、果皮和籽粒均为白色而得名，这种石榴味道纯甜，品质最佳，被评为"冰糖石榴"。

石榴原产伊朗和阿富汗等中亚地区，西汉时由张骞从西域引进。引种初期，石榴主要栽于京城长安附近御花园的上林苑和骊山地区，供皇子后妃观赏。最早的临潼石榴于此时诞生。

相传，武则天十分喜爱石榴。因此，石榴栽培在唐代进入全盛时期，一度出现石榴"非十金不可得"和"榴花遍近郊"的盛况。至今驰名中外的临潼骊山北麓长达十五公里的石榴林带的形成，以及临潼石榴的出名，与骊宫园林的渊源不无关系。算起来，临潼石榴已有两千多年的栽培历史了。

两千多年来，随着我国经济文化的发展和经济重心向东南转移，石榴也逐渐东进南下，先后引种到安徽、河南、山西、山东、四川、广东、广西、江苏及浙江一带。而无论是从民间传说到文献记载，还是从自然因素到繁衍态势来看，毋庸置疑的是，临潼石榴是中华石榴之正果，是古代"丝绸之路"的重要见证。

石榴花开（一）

石榴花开（二）

剥开的石榴

❼
鹦鹉寺

鹦鹉寺位于临潼骊山西麓的鹦鹉沟。

西汉时，张骞先后两次出使西域，他沿途经过的地方被称为"丝绸之路"。由于他为汉王朝与西域各国的交往立下大功劳，元朔六年（前123）被汉武帝封为"博望侯"，封地位于骊山西麓的鹦鹉沟，面积480亩，此为"骞村"之名的由来。

民间传说称，张骞出使西域的壮举促成了鹦鹉寺的诞生。张骞在带回西域各地奇珍异宝和动植物的同时，还带回了佛教文化，将佛像供奉于鹦鹉沟的窑洞中，这就有了我国最早的佛教圣地"骞村鹦鹉寺"，它比东汉时期河南洛阳的白马寺还早了一百多年。

不过，这一说法尚缺乏文献及考古发现的支持。如明嘉靖《陕西通志》、清乾隆《西安府志》《临潼县志》及1991年出版的新编《临潼县志》，均无鹦鹉寺及其历史沿革的记载。

若是出现有力证据，证明"博望侯"张骞与鹦鹉寺之间的渊源，那么，中国佛教史就要改写了。

又有传说称，骞村才是丝绸之路的真正源头。该村八十多岁的张德顺老人说："我小的时候就听我爷爷那辈人讲，张骞是从我们这个地方出发去的西域。他走的时候，当时我们村子里的人还帮他牵马呢！"当然，这也许只是流传于当地的美好传说，需要专家进一步进行考证。

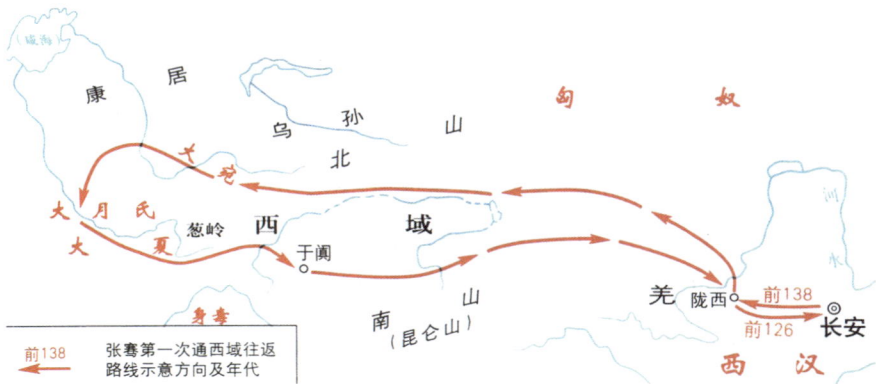

康居

乌孙

北

山

匈奴

西域

大宛

大月氏

葱岭

大夏

于阗

南 山
（昆仑山）

羌

陇西

前138

前126

长安

河水

西汉

前138　　张骞第一次通西域往返
　　　　　　路线示意方向及年代

张骞出使西域路线图

建成开放的鹦鹉寺公园

❽ 胡王汉槐

胡王汉槐位于临潼区胡王小学内。

传说刘邦曾在此树上拴过马，依此推断，该汉槐已有两千六百多年的树龄。西安市政府将其列入古树名木，中央电视台也来拍过好几次。

一进学校大门，就可看到右手边的这棵汉槐了。

它的前面围着一道一米多高的台子，台上更有栏杆保护。汉槐的主干粗壮，经林业部门测量，树高十余米，占地约一亩！

树干业已中空，现有水泥填充加固。其枝桠向四周伸展，看上去也比一般树的枝干粗壮，低低地垂着。为了防止汉槐被自身枝权压劈了，有关部门分别在20世纪60年代、80年代，以及2010年，用水泥柱子加固、支撑。这些柱子仿汉槐的纹路、颜色，做出一块块干裂的树皮，几乎可以以假乱真。

这棵汉槐，粗壮干裂的枝干与柔嫩的绿枝形成鲜明对照。夏则绿叶披拂，槐花满树，香气四溢；冬则迎风斗雪，绿意犹存。

一般人不知道，这棵汉槐还是鸿门宴中的重要角色，虽然它在《史记·高祖本纪》中连龙套都没有当成。不过，临潼的县志倒是记载了它"卫护汉王"的事。

县志中说，刘邦得项伯、樊哙之助，从"鸿门宴"上逃出，打马急奔，一口气从鸿门逃到几十里外的骊山。眼看就要被追兵赶上，他急忙藏在一棵槐树后，躲过追杀。之后，就靠着树休息，正处于半睡半醒之间，一个白衣老者现身，指点他去向咸阳的路。刘邦醒来之后，发誓他日若得天下，必有封赏。在与项羽的争霸中，刘邦最终获胜，登上皇位，便依前诺封这棵树为"护王树"。由此，槐树所在村子也得名"护王村"，时间久了，就被叫成了"胡王村"。

汉槐主干

孩子们和汉槐

冬日里的汉槐

06

临潼石子馍文化的弘扬者

白文锋

白文锋，

老家在澄城，辗转到临潼发展。

他制作的带馅石子馍，

成为临潼"三宝"之一。

创造精神、吃苦耐劳、诚信，

是他事业成功的根本。

做好的石子馍

临潼特产——带馅石子馍

时至今日，陕西关中一带仍流行一种叫"石子馍"的风味食品。它的"相貌"很特别，状如满月，饼面凹凸。凹凸者，石子所留之痕。

其制作方法是：精粉加鲜蛋、芝麻、精炼植物油、精盐、椒叶、蔗糖等各类调料揉成面团，以烧热的石子为炊具烙成。此石子为受水流冲刷、秉天地灵气的天然鹅卵石，并经精选加工处理，因此，清代的袁枚在《随园食单》中又称石子馍为"天然饼"。

石子馍有两大特点：易于消化，又耐储藏。某作家记了这样一个故事：话说关中某人蒙冤，地方不能申，遂携石子馍一袋，赴京告状。其时暑天大热，行人干粮皆坏，唯此馍不馊不腐，人皆以为奇。行至京城，当街而食，人不识其何物。后冤情洗雪，此人感激涕零，送明冤者一饼，以为纪念。问："何饼？"答："石子馍。"其饼存之一年，完好无异样，京城哗然。

一般的石子馍已如此独特，临潼的老白家带馅石子馍更是别有风味。它碗口大小，烤得金黄，掰开后可见里面由花生碎、瓜子仁及芝麻等拌成的馅。咬上一口，便会发觉它美味无比。

这种石子馍之所以声名远播，与白文锋夫妇的努力经营是分不开的，他们是老白家石子馍的"首席厨艺师"，而他们这家店在临潼也开了近二十年。

老白家石子馍店，位于空军疗养院的对面，正处于一个丁字路口的角上。店门上方，挂着一块巨大的牌子，红底白字，上书"老白家石子馍"。顾客尚未进门，便可听见铁铲与石子碰撞时所发出的"哗啦哗啦"声。

走进店里，通常就能看到店老板白文锋忙碌的身影，他中等个子，瘦瘦的，很干练，脸上常常挂着笑意。来到他店里的人，关系一般的，叫他"老板"；和他熟悉的，都叫他"老白"。

一排桌子将内外隔开。左边为销售区，桌子上摆着玻璃框，里面放着一些石子馍，此刻正在桌子后面忙活的就是老白。再左边，靠墙堆着一袋袋面粉，隔出一块空间，堆着好多装在袋子里的石子馍。老白身后，即为石子馍的储存区，它是由一道木板墙隔出的空间，好多袋石子馍倚着木板摞着，几乎比木板还高。旁边还堆着很多包装好的麻花，与老白聊过后得知，他这里的石子馍有带馅的和不带馅的两种。

右边为制作区，老白的妻子正在桌上的案板前忙着包馅、烙石子馍。在她的身后，五六口大火炉向东北方向一字排开，炉子上的锅里是黑油油、指头蛋大的石子，每口火炉边都有一张放在桌子上的大案板。

老白的妻子一次拿两个面团，在案板上放好，压扁，复用擀面杖擀开，一次就擀出两块面饼，再从旁边盆里舀出馅料包好，再擀成饼，放到一边，又接着做下两个。在这个过程中，她还抽空把大平底锅里烙好的石子馍用铁铲翻出来，收到一个大箩里。再翻炒石子，又往一个搪瓷盆里铲了半盆。等面饼够一锅了，就把它们一一摊到平底锅里的石子上。平底锅一直就放在火炉上，石子也就一直是热的，再把盆里的石子均匀地覆盖在面饼上，这样就能从上下两面同时对饼加热了。

稍有空闲，她向我们说起自己这家店的荣耀。早在几年前，陕西电视台的美食栏目在介绍临潼时，他们这石子馍就是主角之一，就连中央二台和中央七台都转播了。

等待包馅的面饼

老白的妻子一次拿两个面团，在案板上放好，压扁，复用擀面杖擀开，一次就擀出两块面饼，再从旁边盆里舀出馅料包好，再擀成饼，放到一边，又接着做下两个。

白文锋的妻子正忙着烙石子馍

老白夫妇见证了大唐芙蓉城的建成开放

即将烙好的石子馍

艰苦创业

老白两口子原本是渭南市澄城县人，1992年就到临潼发展，至今已经二十多年了。当年，他们在骊山天文台⑨工作的亲戚觉得这边有发展空间，便叫他们过来，在临潼安了家。

回忆起当年的情形，老白感慨万分。他与妻子两个年轻人，带着不多的家当来到这个陌生之地，开始创业。他们卖过肉夹馍、也卖过凉皮，但生意都一般，后来见到临潼卖石子馍的很少，经过深思熟虑，决定改行。他们洗净挑选好的小石子，生起炉子，放上一口大铁锅，再备上其他的灶具，石子馍生意就开张了。

不过，他们当时是露天摆摊，非常辛苦。早上五点就起来，晚上十一点才收摊，之后才开始烧火，做扯面当晚饭。吃完睡觉时，已经是十二点，睡下不到五个小时，又要开始准备开门做生意了。一年四季风吹日晒。夏天，酷暑难当；冬天，寒风刺骨。后来生意有了起色，他们就租了一个小棚子继续经营。

就这样一步一个脚印，他们生意越做越大，把店开到了华清路上，把父母都接过来帮忙照看，又雇了好几个帮手。他们还在临潼买了房，孩子也都在临潼上了学，大的即将参加高考，小的也已上了初中，都很听话。问老白是否想让儿子继承这一手艺，老白说："就看娃将来啥想法。如果他能做更好的工作，我也支持。"

发明家老白

聊天中，我们了解到，老白还是一个发明家呢！老白说，是他在传统铁锅的基础上，发明了专门用来烙石子馍的平底锅，开发出了带馅石子馍。至于其他地方有没有带馅石子馍，他不敢保证，但在临潼，做带馅石子馍，最早就是从他这里开始的。

最开始，老白用农村常见的尖底锅来烙石子馍，石子都集中在锅底部，翻搅不方便，热得也慢，而且一次只能烙一个馍，一个馍卖五角钱。老白觉得这样下去可不行，经过不断的琢磨，他终于想出了办法，那就是把锅做成平底的。这样一来，石子可以平铺开来，受热面积大了，还容易翻搅，一次也可以多烙几个馍。设计好了，他就找人订做，经过好几次试验，这种特制的锅才最终定型。

对于和锅配套的炉子，老白也想了不少办法，让它更易导热。

后来，老白又在馍上打起了主意。传统的石子馍，都是一块干饼，顶多是在和面时在里面加些调料。老白借鉴其他食品的做法，在石子馍里加入馅料，做出带馅石子馍。他考察顾客口味，研究馅料，最终做出了五仁馅的石子馍。一个偶然的机会，他结识了安旗月饼的老板，这是他的乡党，两人聊了一个下午。这位老总尝了老白的带馅石子馍后，认为配方还要继续改进，并热心地邀请他到自己的公司学习。老白就来到安旗月饼厂学习配方知识，之后又进一步改进，终于做出了今天的口味。

对于自家的带馅石子馍的口味，老白很自信："我这馍的馅，有五六十种配料。你把咱的馍一吃，再把别家的一吃，马上就知道味道不一样！"

临潼"三宝"

现在，老白家石子馍已成为人们心中的临潼"三宝"之一。老白拿出朋友设计的一张宣传单，上面把石子馍与石榴、火晶柿子并列为临潼"三宝"。

短短二十年，石子馍何以在临潼取得这么大的发展？也许，正是它的制作方式独特，以石为媒烤制而成，暗合了女娲"炼石补天"的精神，而临潼正是女娲完成这一伟业的地方。

据说，石子馍的历史可以追溯到石器时代，有"石烹"遗风，算是我国食品中的"活化石"了。先民们发现火以后，结束了茹毛饮血的生活，但那时还不可能有锅，用火炙食还只能靠石具，这大概就是最初的石子饮食。后来周原的公刘"教民稼穑"，有了庄稼便有了粮食，先民们把黍米放在烧红的石头上，使它变熟。这种食物叫"燔黍"，应该看作是今日石子馍的前身。到了唐代，石子馍已经和今天一模一样了，渭南、同州一带还把它作为贡品进献给朝廷，叫"石鏊饼"。今天，昔日的贡品已成为大众口中的佳肴，而老白对这一传统美食的改良让它更具吸引力。

如今，西安已经成为老白家石子馍的重要市场。就在说话的当口，西安好几家单位打来电话，让他给送馍。

为石子馍包馅

　　周围人看到老白的生意越来越好，也开始进入这个行业，他们中的很多人也做起了带馅的石子馍。不过，老白家因为坚持纯手工制作，再加之用料讲究，生意受到的冲击较小。其实，刚开始的时候，老白在面对竞争时，并没有现在这样的自信。但是，他始终相信，只要东西好，就一定能把顾客留住。

　　保证东西好，说起来容易，做起来却千难万难。老白说，自己的配方是独家秘制的，所以口味上自然与众不同，食客们吃的就是这个新鲜劲儿，但是能够保证生意长盛不衰的最重要原因却并非配方，而是诚信。

很多人因为做这一行的时间长了，便想到了用机器大量生产、压缩成本，如此一来，口感自然差了许多。也有人劝老白买台机器，就不用这么辛苦了，他一笑置之。他比谁都清楚，机器制作虽然省事，但口味却相差甚远，那是砸自己招牌。诚信使大家都认可了他，生意自然越做越好。现在，老白平均每天都要用掉几百斤面粉。

大家赞叹他们做这一行不错，既赚了钱，又有了名。

没想到，两口子不约而同地开始诉苦，说这活不好干，利润比较薄，又特别辛苦。要是能干别的，他们早就不干这一行了。

旁边的顾客说："你们要是不做这个就太可惜了，临潼'三宝'就要缺一宝了。"

看到这么多人认可他的价值，老白很高兴："可以这么说，临潼的石子馍是在我的手上，才真正发展起来的。咱也算是给临潼文化做出贡献的人了。"

几枚鹅卵石、一口再也普通不过的平底锅，居然能在老白这样的人手里做出如此的美味，为临潼做着自己的贡献。可以说，在把一种古老食品做出文化内涵，增强临潼吸引力上，老白一家功不可没！

他比谁都清楚，机器制作虽然省事，但口味却相差甚远，那是砸自己招牌。诚信使大家都认可了他，生意自然越做越好。

我这馍的馅，有五六十种配料。你把咱的馍一吃，再把别家的一吃，马上就知道味道不一样！

每天早上很早就起来，晚上十一二点才睡觉，一站就是一天，忙得时候，连饭都顾不上吃。一天下来，腰酸腿疼的。

在临潼这么多年，出去逛的时候很少，大部分时间都是在忙。我这馍要保证质量，同时加大宣传，让顾客来买自己的产品，这样就行了。

❾
骊山天文台

中国科学院陕西天文台天文观测站位于骊山凤凰岭。

陕西天文台是中国科学院下属的五座天文台之一，1966年筹建，总部设在临潼。它是以时间工作为主的天文研究机构，主要从事时间、频率和其他天体测量学方面的工作，常年以短波呼号BPM和长波呼号BPL向全世界和全中国发播时间频率信号。

1986年，陕西省决定修建西安——临潼高速公路。斜口天文观测站毗邻拟建高速公路，经与陕西省建委、省交通厅、临潼县政府会商协调，决定将天文观测站搬迁另建，1988年6月，中国科学院西安分院经中国科学院同意，批准陕西天文台天文观测站建于骊山凤凰岭（海拔高度为1014米）。

天文观测站于1991年10月由斜口迁至新址。迁建新址的仪器有：人卫跟踪经纬仪、30厘米反射望远镜，1.05米望远镜于1993年4月由天仪厂在现场安装，水平子午环安装在台部工作区简易观测室调试，光电等高仪因将搬去俄罗斯参加合作观测研究而未在新址安装。至此，陕西天文台工作在原来基础上又增加了新的观测手段，学科发展上增长出历史天文学、银河系动力学等新的研究领域。

今天，骊山凤凰岭的天文观测站已搬迁至云南，但天文观测站遗址依然能让人们想起当时的忙碌景象。

天文台远景

骊山凤凰岭

天文台冬景

07

斜口荞面饸饹馆老板
岳小建

岳小建，
人称岳老三。
他的荞面饸饹为临潼一绝。

生 意 能 做 到 这 么 好 ，
是 因 为 他
朴 实 、 细 心 、 诚 信 。

饸饹出锅了

饸饹的前世今生

说到临潼，就一定要说说临潼的美食，石榴、柿子、醪糟、稠酒、石子馍、水盆羊肉……其中，临潼斜口饸饹，算得上非常特别的一员了。

饸饹是北方一种用荞麦❿面制成的食品，大约诞生于一千四百多年以前。元代农学家王桢在《农书·荞麦》这一章节中赞其"以供长食，滑细如粉"。先祖们起初是将牛角钻六到七个如粗麻线大小的小孔，再将面团放入牛角内，挤压成条状。因其落入沸水锅中煮成面条的过程，就好像什么东西从孔中漏到了河里，故称"河漏"。

那么，河漏之名为什么现在见不到了，而改叫饸饹呢？这里面还有个故事，传说，清朝康熙年间，康熙皇帝指派专人对全国风味小吃进行统计，而"河漏"也入选了。一天，康熙按图索骥，看到"河漏"这个古怪的名字，遂命人炮制，吃后对其独特风味赞不绝口，又觉"河漏"之名不好，挥笔将其改为"饸饹"。

而临潼斜口制作饸饹的历史从什么时候开始，临潼本地人也无法准确地说出，不过根据当地老人所言，清朝年间，斜口这儿的饸饹加工就已经小有名气，算起来也有200多年的历史了。

如今，随便问一个临潼人，几乎都知道岳老三荞面饸饹是临潼一绝。每到饭点，"岳老三荞面饸饹"的招牌下便人头涌动，还没踏进店里，喧闹声便扑面而来。虽然饭馆里已坐得满满当当，但食客依旧不肯另寻他处，干脆站在外面等候，或者准备买了饸饹带走。

在顾客的热切期待下，冒着热气的荞面汤饸饹终于上桌了。只见它盛在独具老陕特色的青花蓝边的"海碗"里，配着绿的水芹、香菜、蒜苗段，红的萝卜，白的炸豆干、肉丸共同调制成的臊子，再浇上油泼辣子、蒜泥、芥末、香醋等作料，单是其形其色就让人食指大动。吃一口，酸、辣、呛、香，臊子汤浓香到位，饸饹筋道耐嚼，那种口舌生津的感觉，只能用"嘹咋咧"来形容。

吃一口，
酸、辣、呛、香，臊子汤浓香到位，
饸饹筋道耐嚼，
那种口舌生津的感觉，
只能用「嘹咋咧」来形容。

羊血饸饹

饸饹店里顾客盈门

坚持爷爷传下来的手艺

用餐高峰过去后，岳小建终于有空坐下来舒缓一下筋骨了。这个年近五旬的汉子，带着关中人特有的腼腆和质朴，几个小时的辛劳使得他满头大汗，精神头却依然很足。

他说，自己家制作饸饹的手艺是从爷爷那辈传下来的，"以前我爷爷卖饸饹的时候，就只是简简单单挑个担子推个车，沿街叫卖，后来传到我们手里，才开了几个店面"。当初开这家店时，因为自己在家里排行老三，所以店名就叫了个"岳老三饸饹面馆"。

"饸饹面，讲究的就是个便宜、实惠、好吃，我也一直坚持着这个信念，咱做饸饹，从来都是'料真、心到、不掺假'。经常来我这儿的老吃主，都知道我对调料的执着。这些调料是花了功夫的，每次买来调料，我都一点点磨出来配好，一丝一毫不马虎，可能这也算是我家面馆成

经常来我这儿的老吃主，都知道我对调料的执着。这些调料是花了功夫的，每次买来调料，我都一点点磨出来配好，一丝一毫不马虎，可能这也算是我家面馆成功的秘诀了吧！

岳小建在调饸饹

骊山北麓乡土人物志
Local Characters
in Lishan Northern Side

一方水土

压饸饹

功的秘诀了吧！"说到这些，岳小建憨厚的脸上满是自豪。

他有自豪的资本。他店里的饸饹之所以筋道弹牙、味道好，首先与他用料讲究有极大关系。他说："吃荞面饸饹，吃的就是荞麦的原香，不是上好的料我不要。"

其次便是制作工艺了。岳小建介绍，自己制作饸饹时，要先将荞麦磨成上等细面粉，再用清水将荞麦面拌匀，反复调和推揉。这推揉的手法也非常有讲究，力道适中、速度均匀，最后和好的面才能筋道。揉好面后，将面再饧上多半天，让面里的有机成分充分融合后，再在案台上推摔揉和，揉成手臂粗细的圆条待用。压的时候，经常须两个人配合，其中一个人揪下一团面，稍搓，竖着放入压面孔，另一个人在另一端的扶手上使劲一坐，面团便被压成牙签粗细的面条了。此时，站在锅边者揪断面条，使其自由落体至锅中，滚水中煮熟后捞出待用。

再说他家的调料，也不简单。正如他所说："我家的饸饹之所以好吃，还得感谢爷爷手里传下来的秘制调料。我们的饸饹，用料讲究，除了常见的佐料、臊子外，还要配上桂皮、香油、芥末、辣子、蒜泥等十五种调料一起煎熬，最后才有了那种特别的口味。"

得到允许进入工作间后，我们看到里面只有三五平方米，靠近出口的台子上放着红黄白绿十几种调料。岳小建正将各种调料一一调入、搅拌，神情专注。光他这认真劲儿，就绝对当得起"临潼一绝"的美誉。

岳小建在调饸饹

岳小建在压饸饹

荞麦粒

　　而他家的独门利器——饸饹床，就立在一口大锅上边。它结构粗犷而简单，让人不由觉得饸饹肯定是哪个关中汉子想出来的，因为需得一把子好力气，才能把饸饹压得光洁顺滑紧实。遗憾的是，这几年木制的饸饹床越来越少见了，一来木制品受潮受热容易变形开裂，影响寿命；二来操作起来着实费力。而新式的金属床子虽说一次性成本高点，但是少了后续投入，齿轮传动的压制系统操作起来也十分便捷，轧面桶还可以一次填实，不用团一点塞一点。可岳小建始终坚持使用传统工艺，他认为只有木制饸饹床压出来的饸饹味道才正宗。

岳小建的儿子正在劳作

儿子的新想法

岳小建说，压饸饹是个体力活，要把握好力度才行，这一碗一碗做下来特别累人，以前年轻力壮的时候还没觉得，这两年年龄大了，就有些硬撑着的感觉了，所以他开始培养儿子，让他过两年就接自己的班。

岳小建的儿子小岳说，父亲对饸饹的调味非常拿手，炼就了一双"火眼金睛"和一双"巧手"，一份饸饹需要多少调料，他一手抓下去，便能拿捏得十分精确。这一点，自己还比不上。"跟着我爸学了这么多年，（我调的饸饹）人家老食客一尝，还是立马就能吃出不是我爸调出来的。"小岳自豪中又带点儿无奈地说。

如今，岳小建家祖传的饸饹手艺早已名声远播，顾客盈门。很多人都说岳小建赚了这么多钱，店的名声也已经传了出去，早可以享享清福了，干吗还这么认真地做饸饹呢？一说到这，岳小建总会露出憨厚的笑容，他说他秉承着自己的信条："老实做人，老实做事。""一天备好的料也就三百来碗，卖完了就不卖了，为了保证味道，当天的料当天卖完，不过夜，也不多备料。"

小岳秉持同样的理念。当然，作为年轻人，他对饸饹生意有自己的看法，眼看临潼发生着翻天覆地的变化，他觉得可以将祖传的店开得更大些，搞些加盟什么的，或者在西安等大城市开分店，而不像父亲只想着将一家店长久地经营下去。

也许岳老三饸饹面馆就要迎来大变化了，希望他们这家店能在新机会前焕发新颜，又能在变化中保持自己的特色，长久经营下去。

补记：

如今，岳老三饸饹面馆已由原址搬至108国道旁，斜对面为斜口街道菜市场，地理位置更为优越。

"老实做人，老实做事"是我做人的信条。

生意做的是个地道，人家认了你的东西，认了你的人，还能少了你的吗？所以做人上要大气一些，做事情上要小气些。

我的店虽然不是啥大牌的字号，也没想做多么大，但是这三辈人做下来，光是让老顾客满意就不容易了。

儿子想着要在西安开店，我也不干涉，反正把本事学到手咋干都行，没学到手没人认你，到哪儿还不是留不住人！另一方面说，现在人都喜欢个杂粮口味，好这一口的人还不少，这个事让儿子好好接下去，对他也是个好事情，干大干小看他自己的本事了。

⑩ 荞麦

荞麦，又称为三角麦、乌麦、花荞，是蓼科荞麦属作物，学名 Fagopyrum Mill，一年生草本双子叶植物纲，蓼科栽培植物。彝族称为"额"，古代亦写成荍麦或乌麦。四川省习惯叫荞子。

荞麦起源于中国，原产于北方内蒙古地区，栽培历史悠久，我国各地都有栽培。栽培荞麦有四个种：甜荞、苦荞、翅荞和米荞。甜荞和苦荞是两种主要的栽培种，尤以苦荞最具营养保健价值。目前分布于欧、亚二洲，有时为野生，生于荒地或路旁，种子含丰富的淀粉，供食用，又供药用，也是蜜源植物。其茎直立，下部不分蘖，多分枝，光滑，淡绿色或红褐色，有时有稀疏的乳头状突起。叶形如三角状，顶端渐尖，基部心形或戟形，全缘。托叶鞘短筒状，顶端斜而截平，早落。花序总状或圆锥状，顶生或腋生。春夏间开小花，花白色；花梗细长。果实为干果，卵形、黄褐色，光滑。

在肥沃土壤中，荞麦较其他粮食作物产量低，但极耐寒瘠，特别适应旱丘陵和凉爽的气候。

荞麦生育期短，成熟快，当年可多次播种多次收获。故可作晚季作物种植，并能作为窒息作物使杂草死亡而为其他作物的栽培改善条件；也可用作绿肥犁入田中以改良土壤，又可作蜜源作物。荞麦是乌克兰、白俄罗斯和波兰的主要粮食作物之一，法国、加拿大和美国也是重要生产国。

荞麦也是我国的重要粮食品种之一。相传著于公元前5世纪的《神农书》将荞麦列为八谷之一。唐朝时，荞麦食品由中国经朝鲜进入日本后，吃法达百余种，现今荞麦及荞麦面条在日本十分流行。因其含丰富营养和特殊的健康成分颇受推崇，被誉为健康主食品，人们视之为理想的保健食品，尤其是对高血压、冠心病、糖尿病、癌症等有特殊的疗效。

石磨上的荞面

08

"快板王"
朱升强

朱升强，
临潼芷阳村的能人，
人称"快板王"。

他性格开朗、幽默，
具有开拓精神。

"快板王"的风采

说临潼，道临潼，
临潼全世界都有名声。
临潼区好比是芙蓉园，
旅游景点（是）一条线：
陕鼓大道（是）修得端，
芷阳❶湖宾馆在路南边，
春暖夏凉（是）人称赞，
农家乐园（是）随便转，
游湖划船（是）儿童乐园，
千亩石榴的观光园，
青山绿水（是）好休闲。
......

秦陵地宫秘密多，
胆大心细（是）往前摸；
博物馆里文物多，
金棺银椁（是）不用说；
华清池那是名园，
唐代文化几千年；
你要登山去游览，
骊山索道最保险；
站到那骊山观全城，
半山腰有个兵谏亭；
......

他灵活、有本事，对人热情，
还非常幽默。
用当地话说：那可真是能把人笑岔气。

快板王倾情献艺

这是临潼芷阳村的"能人"朱升强表演的一段**快板**[12]。他把临潼从南到北、从吃的到玩的、从交通地理到地方特产都写进了快板里，可以做临潼旅游指南了，而且句子合辙押韵，听来很有韵味。只这短短的一段，便让人感到"快板王"名不虚传。

关于"快板王"这个称号的由来，朱升强说，那是因为他一直有编快板的爱好，一有机会就会给大家说上一段。这一来二去，在这地方就感觉有点"明星"的味道，大家对他这一手都很佩服。和乡党们在一起，他总能把气氛调动起来，不知不觉间，他这"快板王"的名号也就叫响了，他的快板表演还曾被临潼当地的电视台安排播出。

在临潼，提起朱升强很多人都知道，说他是这儿的能人，走南闯北，看着弄不成的事，到了他手里就能办好，又说他灵活、有本事，对人热情，还非常幽默。用当地话说：那可真是能把人笑岔气。

窑洞宾馆首任董事长

我们在见到朱升强之前，便已领略了窑洞宾馆的风采。

时值初冬，满山寂寥，远处骊山顶上可见积雪处处，太阳在云层后时显时隐，使人不由发出水瘦山寒之叹。顺着水泥马路驱车而上，还没进入村子，远远便看见高高的山崖上好几排青砖箍成的窑洞层层排列，气势不凡，最顶端立着"芷阳湖山庄"几个红色大字。进入宾馆院子，只见常绿树木和泛着绿意的草坪让整个院落生动起来。

而山后不远处，就是芷阳水库，景致不凡，确是极佳的避暑去处。所以，每到旅游旺季，来这里的客人总是很多。不过，因为此时是冬季，院子里人很少，只有一只关在笼子里的鹅"嘎嘎"地叫着。

一座大楼旁边，就是依山而建的窑洞宾馆。山崖侧面与主楼相连，其上下连接着四层错落着的窑洞，均由青砖箍成，传统中流露出现代气息。这里的窑洞式客房，独家独院，远离尘嚣，各种布置和一般宾馆没什么差别，却有一股温暖自然而然升腾而来。

在见识了一番窑洞宾馆后，我们见到了朱升强。他有着标准的关中大汉特征：大国字脸，皱纹深刻，眼睛很有神，身材高大。看他穿着西装，打着领带，我们就问他是不是随时准备进入工作状态。果然，他第二天就有一场婚礼要主持。没想到，他还有做司仪的本事！

窑洞宾馆外景

寒暄过后，我们便和朱升强聊起了窑洞宾馆。他带着一种怡然的神情说，临潼是历代帝王的避暑胜地，除了有如画的山水风景、温泉，更有舒适的窑洞。夏天到这儿，比在城里舒服多了，房间里虽然也装了空调，不过基本用不上，根本不用担心"空调病"。

至于当年窑洞宾馆的建设，真可以说是充分发挥了大家的聪明才智。"当时这儿还是个深沟，窑洞宾馆就建在山上。"朱升强指着院子说。

现在再回想起自己与窑洞宾馆之间的点点滴滴，朱升强感慨万千：当时花了不少功夫，前前后后都参与了，从填坑到最后建成，到当董事长，一直到现在把宾馆包出去，可说是费尽了周折。

2006年，在临潼城里经商的朱升强回来后，和村民一起开始筹建宾馆。"建的时候，是从上往下一层一层建起来的，每层七米高，再横向深挖进去，土就直

美丽的花阳湖

窑洞宾馆大楼内景

接推到前面的深坑里，挖一层推一层土，窑口用砖箍起来，到最后，把深坑垫起、填平，就形成了现在这个样子。"前后经过一年多，宾馆建成了。

在宾馆建成以前，他经常在外面跑；而在宾馆建好以后，他就想方设法把窑洞宾馆经营好，几年时间，就干了这一件事。虽说现在宾馆包出去了，但他还是得盯着。他说，村民们每年可以从宾馆的盈利中得到一些分红，一直都很稳定。这里，有他的一份功劳。

朱升强展示获得的证书

这些，
记录了他从二三十岁的青年到如今中老年的重要瞬间，
让人体会到『时光飞逝』的含义。

荣耀的过去

朱升强的家，在离窑洞宾馆百十米远的芒阳村中央，也是那种错落连绵的样式。门厅宽敞明亮，前后院上下楼的房子足有二十间左右，居住空间特别大。

进入他的房间，只见四面墙壁上挂满了他各个年代的照片和奖状，这些，记录了他从二三十岁的青年到如今中老年的重要瞬间，让人体会到"时光飞逝"的含义。

这些照片上部，差不多都有"××次政协会"或"×

正在主持婚礼的朱升强

×次个体协会"" "和××合影"的字迹，角上都仔细注明了拍照时间等信息。虽然其中人物形象已有些模糊，只能通过依稀的身影来分辨，但可以确信，每张照片背后都有一段精彩故事。

从合影照片里稍显模糊的影像中，还能看出他当年的精气神儿。一个农民，能数次参加全国性大会，让人不能不佩服他的能力。

而近年所拍的主持婚礼的照片，则表明他仍然紧跟时代步伐。照片中，张灯结彩，华幔高扬，大幅新人合影为背景，时代气息浓厚。他的礼服——大红西装、白西裤、白皮鞋，这一套打扮在当时很是潇洒，即使现在也不显过时。

"能人"是怎样炼成的

如今，很多地方都有那种大家公认的"能人"，朱升强就是这种人。

交谈中，朱升强一再强调，自己并不聪明，如果说自己身上有什么优点的话，那恐怕就是敢闯敢拼了。但不可否认的是，他的成功并不只因为一个"拼"字，更是因为他不管做什么事都能想点子，总能想出跟别人不一样的东西。也许，这是"能人"的特性。

早年在学校期间，他投身文艺，演过戏，做过主持，再加上在全国各地奔波开会、作报告，练出了胆量和幽默劲儿。毕业后，他在生产队工作，一干就是八年。

此后，他开始在外面四处闯荡，做过各种生意。他那个不能安静的脑子总在思谋新的变动，寻找新的变化。

改革开放之初，社会上对个体户的认可度还不是很高时，他就在临潼做起了照相的事，事虽不大，但是他肯想点子，也把那一亩三分地整得顺顺溜溜的，让人服气。

后来，他开始在骊山景区市场管理组工作，主要工作是配合工商部门管理景区市场秩序，包括卫生、调解游客之间的矛盾以及拍照、信件投递事故处理等。刚开始，那里市场秩序混乱：游客一来，照相的一拥而上；照相的时候，有的师傅根本就没有在相机里装胶卷；给游客邮寄照片时，也常出现寄错的现象，甚至把男游客的照片寄到了女游客那里，还有的根本不寄照片。这些问题严重影响了

他的成功并不只因为一个「拼」字，更是因为他不管做什么事都能想点子，总能想出跟别人不一样的东西。也许，这是「能人」的特性。

临潼对外的形象。

朱升强看到这些，就想办法把景区搞摄影的都组织起来，形成秩序。这事要是摊到别人身上，恐怕是弄不成的。不过，朱升强的条件得天独厚，一方面，他是景区市场管理组的组长；另一方面，同行们都对他很服气，愿意听他的。就这样，他又成了骊山摄影部的组长，通过统一景区摄影人员的牌照、衣服、桌椅、价格、信封和发票等措施，硬是把骊山景区变成了全国先进旅游景区。

从那时候开始他的名气就越来越大了，被推选为政协委员、先进个体户等等，再后来他就开始经营村里这个窑洞宾馆。20世纪90年代，他还做过派出所的治安员，并被西安市公安局评为"社会治安先进个人"。后来，他又做导游，看到乡里其他人做结婚录像，他也加入了这一行。再后来，他专职做司仪，并一直持续到现在。

结合朱升强的大半生来看，他的成功，是他的性格使然，也是他勤于思考的结果。生活，总是给人们打开各种机会之门，就看是否有心，能否抓住机会，认识自己、发展自己。

人物独白：

　　为啥村里有啥事都少不了我呢？说实话，这么多年了，咱在村里大小事都是拔头筹的，就是这些年在外头闯得多了，见人见事多了，所以人家就觉得咱好像啥事都能行，觉得我是个能人。其实也没啥，就是"有事情咱不怕事"，我不相信有解决不了的事。

　　我这些年在外面跑，在村里干，总之一句话，只要你把事情当事情干就没有干不好的。

　　后来给人家当司仪也一样，为啥都说我司仪当得好，那是一点点琢磨出来的。怎么把这个程序走得让人家满意，那都是有窍门儿的，不是糊弄一下就能交代过去。

⑪ 芷阳

芷阳之名，从战国时期就有了。历史学家武伯伦在《古都集》一书中说：秦穆公为了称霸，改滋水为灞水，水北为阳，其地在水之北，故曰芷阳。秦庄襄王元年（前249），设芷阳县于今临潼西5.5公里处，到汉文帝九年（前171）时废芷阳设霸陵县，其间历时78年。后来在此建村，名芷阳村，沿用至今。

《读史方舆纪要》载："府（西安）东三十里，春秋时秦穆公筑宫于此，昭襄王时谓之芷阳宫。"《地名大辞典》载："芷阳，秦置，汉改为霸陵，故城在今陕西长安县东……'自骊山以西，皆芷阳县地……'。"战国秦芷阳之范围，约在骊山西麓，西至沪水，南接蓝田原，北以渭河为界。

因为历史悠久，现存于芷阳一带的遗址和人文景观众多。著名的鸿门宴也与芷阳有着密不可分的关系。《史记》记载，"项王军在鸿门下，沛公军在霸上，相去四十里。沛公则置车骑，脱身独骑，与樊哙、夏侯婴、靳强、纪信等四人持剑盾步走，从郦山下，道芷阳间行"。意即当时刘邦一行是从芷阳这里的小路跑回霸上的驻地。如今的芷阳村，还能看到后人为刘邦所修的庙宇遗址，并流传着刘邦当年在此歇息的故事。

12

快板

　　快板，是曲艺的一种。有"数来宝"、快板书、小快板、天津快板等多种形式。其中，"数来宝"由两人表演；快板书由一人表演；小快板除了做返场小段以外，主要是群众文艺活动的一种形式；天津快板是用天津方言演唱的，除竹板外还有扬琴伴奏。

　　"数来宝"的发展经历了三个阶段：一是沿街乞讨演唱，二是"撂地"卖艺，三是舞台演出。与"莲花落"一样，它起初是乞丐沿街乞讨时演唱的。其作为乞讨时的演唱活动，历史相当久远，作为艺术表演形式，则出现得较晚。

　　《北平指南》说："数来宝"，昔日名曰"善人知"，衣裳整破均有，供奉朱洪武，手持竹板，亦有持牛骨者。收养门徒，按户索说讨钱。天桥等处很多，有依此为艺，设场演述者，"数来宝"已经由乞讨时的演唱活动变为"撂地"卖艺。快板艺人们沿街卖艺时，常见景生情，即兴编词，看见什么就说什么，擅长随编随唱，抒发感情。从编、演到传唱，极为迅速。

　　在表演上，"包袱""夸张""铺陈"是快板常用的艺术手段，当然，这些并非是快板所"独有"的艺术手段，不过它们对快板艺术特色的形成有着重要影响。

快板

09

悬壶济世的民间中医
王天尚

王天尚，

民间中医，王家医科的第五代传人。

作为虔诚天主教徒的他，

<u>以仁心对待病患，</u>

<u>努力传承传统医术并</u>

<u>进行创新。</u>

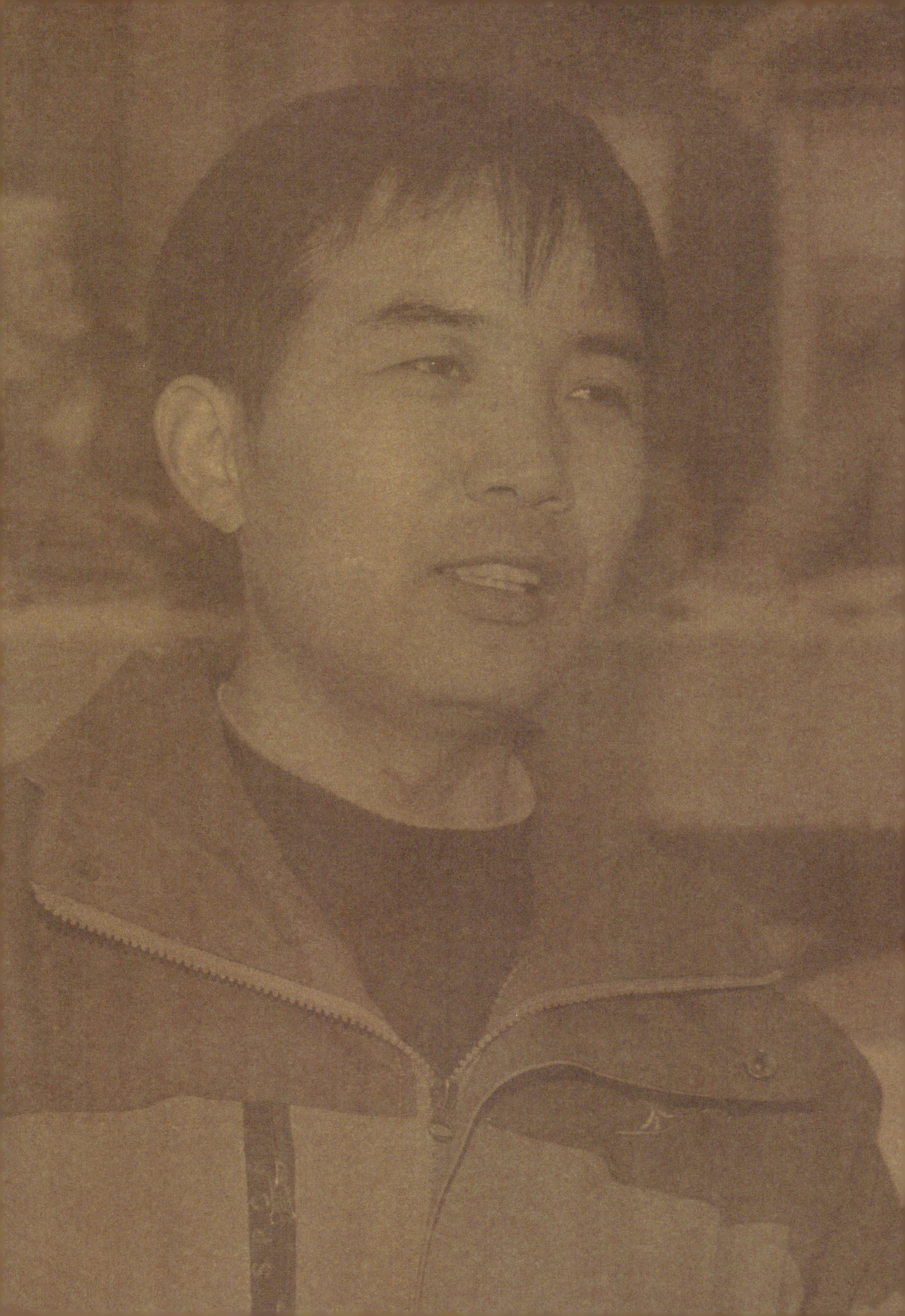

篤信天主的王天尚

王天尚家里，除了住房外，其他房间分别成了中草药仓库、制药室和成品药房，俨然是一家小型中医院。

民间中医王天尚

位于骊山脚下王坡沟北岸的杨寨村夏二组，有一位民间中医——王天尚。在当地提起他的名号，可说是妇孺皆知。他家祖传中医，主治骨伤，包括各种骨折、脱位、软组织损伤、骨坏死不连接及手术后遗症等，特别是擅长腰椎压缩性骨折和老年股骨头骨折。如今，他已继承了父亲王世民的衣钵，成为王家医科的第五代传人。

来到村里，还没走进王天尚家，远远就闻到一股淡淡的中药味。穿过小小的门楼，走进院子便会发现，这里布局与很多小诊所别无二致：四十多平方米的大厅是接诊处，一张长桌上摆着手枕，桌边两把椅子，上面铺着座垫；两排木质沙发相对摆放，中间放着长条茶几，这给接诊室增添了一些家庭的温馨。王天尚家里，除了住房外，其他房间分别成了中草药仓库、制药室和成品药房，俨然是一家小型中医院。

现在，王天尚在家里和临潼区两个地方都有诊所，经常两头跑。不过，他在家里的时间更多些，病人或家属一般都是直接到家里找他。此刻，他正在家里忙着炮制药材，只见他高高瘦瘦，看上去四十岁左右。

世传中医

潮汕北寨乡里之物态
Local Characters
in Ushan Northern Side

140

杨寨村远景

王天尚正在炮制药材

医术代代相传

谈起家传医术，王天尚说自己一开始并不想继承中医骨科。这引起大家的好奇。

在揭开谜底之前，王天尚先满怀感慨地讲起父亲王世民学医的经历。父亲从五岁起就跟着王家医科的第三代传人王天尚的爷爷到处行医，临潼周边的高陵、渭南、潼关等地都去过，还曾到山西出诊。

爷爷相信严师出高徒，父亲稍有疏忽就家法伺候。父亲很快就继承了祖传医术，并凭借着过人的医术和医德，成为远近闻名的骨科大夫。经过父亲不断的努力，王家骨科的名声走出了临潼，甚至远超祖辈，传到河南、山西、甘肃等地。

王天尚提起十多年前的一件事。当地一位焦姓老师的老母亲腿摔断了，请父亲去看。父亲凭着"望闻问切"的功夫，很快判明了病情。准备开药方时，焦老师却有疑虑，觉得这种看病方法不科学，坚持要送老太太到医院拍片检查。没想到结果出来后，竟和父亲说的一模一样。医院认为患者需要手术治疗，但老太太年事已高，哪经得起手术折腾，于是又转回来让父亲治疗。父亲给老太太敷了草药，绑上夹板，又开了几服口服的中药。八十八天后，老太太就能下地活动了。

王家这么高明的医术，当然应该传承下去，大约二十年前，父亲想让儿女继承祖传医术，但大家对此都不太感兴趣。最后，重担就落到了王天尚肩上，而他当时也不太想学，父亲就对他说："你再不学，咱这门手艺可要失传了。"感到责任重大的王天尚只得下定决心："学吧！"从此，他步入中医殿堂，成了父亲唯一的徒弟。

王天尚跟随父亲学医多年，学会了配药、软组织创伤诊断、正骨等各种技能，特别是"正骨"，这不是一天两天能学会的，需要长期的经验积累。虽然在这期间也经历了不少酸甜苦辣，但让他始料未及的是，深入接触中医骨科后，他还真正爱上了这一行。

医者仁心

父亲不但传给王天尚精湛的医术，更言传身教"医者仁心"的行医准则。父亲常说："医术是一方面，更重要的是要有一颗为病人着想的心。这两样加在一起，才能使治疗的效果达到最佳。"这让他明白：医德甚至比医术更重要。

当地人有时不慎摔伤扭伤，父亲手到病除，却从不收一分钱。别的病，一般都是病人找大夫，但骨伤患者大多行动不便，路远的就更困难了，这就要请大夫上门治疗。父亲只要接到电话，不管黑天半夜、刮风下雨，二话不说就出诊，有时一去就是十几天。虽然很辛苦，但父亲觉得能用祖传医术救治更多的人，就是幸福。后来，父亲年纪大了，跑不动了，出诊的接力棒就传到了王天尚的手中。

和祖辈一样，在治病救人上，王天尚一直尽着最大努力。相比西医，中医在治疗关节错位、脱臼上，有着一定优势，就是不用打麻醉药，不用开刀，整个治疗过程，快则几秒钟，慢则几分钟。治疗时，有的病人因剧痛而忍不住破口大骂，伤处复位后，疼痛立减，病人又会不好意思地向他道歉。面对此景，王天尚都是一笑而过，从不生气，因为他能理解病人的痛苦。

王天尚不但医术高超，而且能为病人着想，坚持"小病不花钱，大病少花钱，绝不花冤枉钱"的原则，深得大家信赖。由于他接诊的病人多为农村人，在开药时便尽量开些药效相当而价格较低的中药或者西药。曾经有一个患

父亲常说：
"医术是一方面，更重要的是要有一颗为病人着想的心。这两样加在一起，才能使治疗的效果达到最佳。"

家中晾晒的草药

者手指上长了个疖子，到医院去看，前后数月花了近四千元还没有看好。辗转到了他这里，他开了四服中药，吃完就见效了，再吃几服便好了，前后只花了几十块钱药费。

开拓创新

成长在现代社会、接触到现代医学知识的王天尚，对于中医的认识与祖辈不太一样，认为继承祖传医术，重在吸取精华、不断发展。若原封不动地盲目继承，那就只能原地打转转。

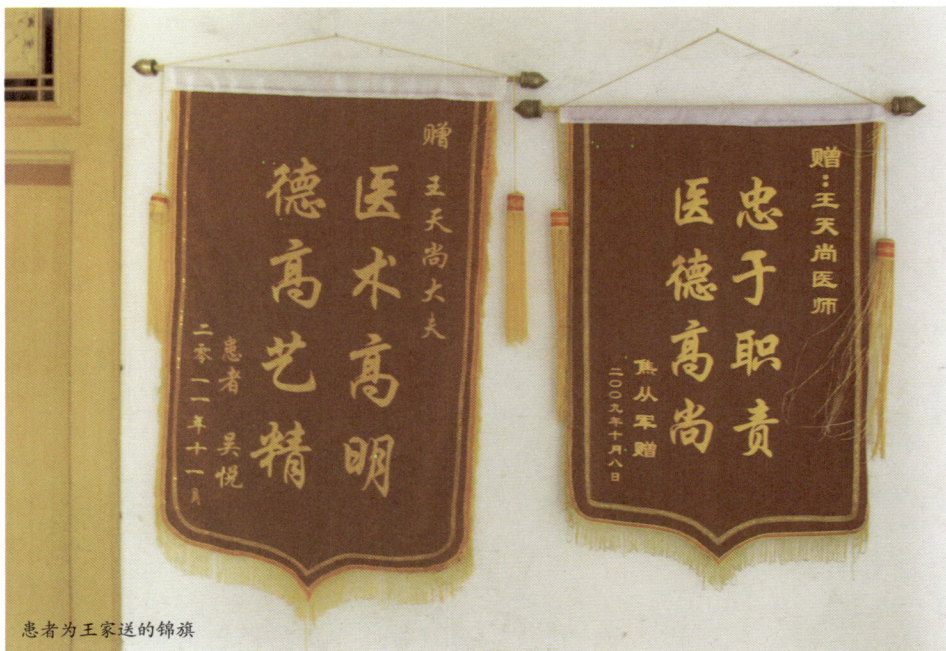

患者为王家送的锦旗

于是已经有了第一个孩子的王天尚决定上卫校，而卫校要上三年。不过，父亲反对他的想法，因为家里并不宽裕，即使父亲能自己养活自己，王天尚也要在上学的同时想办法养活妻儿。但彻底爱上中医这一行的王天尚坚持自己的想法，在和父亲吵了一架后，最终获得了他的同意。

经过三年的现代中医理论学习和社会实践之后，王天尚对中医骨科有了更深入的认识。利用这些知识，再结合父亲的指导，王天尚在继承祖传医术的基础上，对家传的中医骨科进行了改进和完善。

他举了一个例子，现在，医院都讲究运用各种科学方法进行治疗，而父亲最早的时候，只会使用夹板。"但是，如果这里骨折，怎么上夹板？"王天尚指着手腕部位解释说，"骨头太小了，用夹板就固定不了。后来，我到医院学了以后，就想到可以把夹板和石膏结合起来使用。问题解决了，病人也舒服一些。"

后来，经过王天尚的不断劝说，王老先生也逐渐转变观念，接受了"中西医结合"的疗法。

如今，经过近二十年的努力，祖传医术在王天尚手上进一步发扬光大。他曾诊治过的病症，有很多是他父亲也没有见过的。比如，富平有个小伙子，不小心从脚手架上摔下来，髋关节脱位，先前在富平治没治好，又来到西安的大医院看，医院说得动手术，手术费需好几万元，但小伙子钱没凑够，手术做不了。后来他听说王天尚医术好，就抱着试一试的想法找了过来。王天尚接诊后，到处找资料、想办法，最终，复位成功了。接下来，他又对这个小伙子定期复诊，跟踪治疗。大概九个月之后，小伙子就痊愈了，花钱不多，比动手术还快了好几个月。

而在经常外出诊治的过程中，王天尚也发现在家里开诊所的方式有较大的局限性，耗时费力不说，所能治疗的病人数量也有限，便产生了一个想法：在临潼国家度假区建一家小型骨科医院，吸收更多的医务工作者，让王家医术造福更多病人。现在，他的计划已经实施，临潼的诊所开张了。我们第二次见到他，便是在位于临潼城区的天主教总堂，那几天，他正在教堂做义工，同时，就近诊治两个病人。虽然没有亲眼见到他的诊所，但在《最后的晚餐》画面前，能感受到他的医者仁心除了父亲言传身教，还有一个重要来源，那就天主的教导。

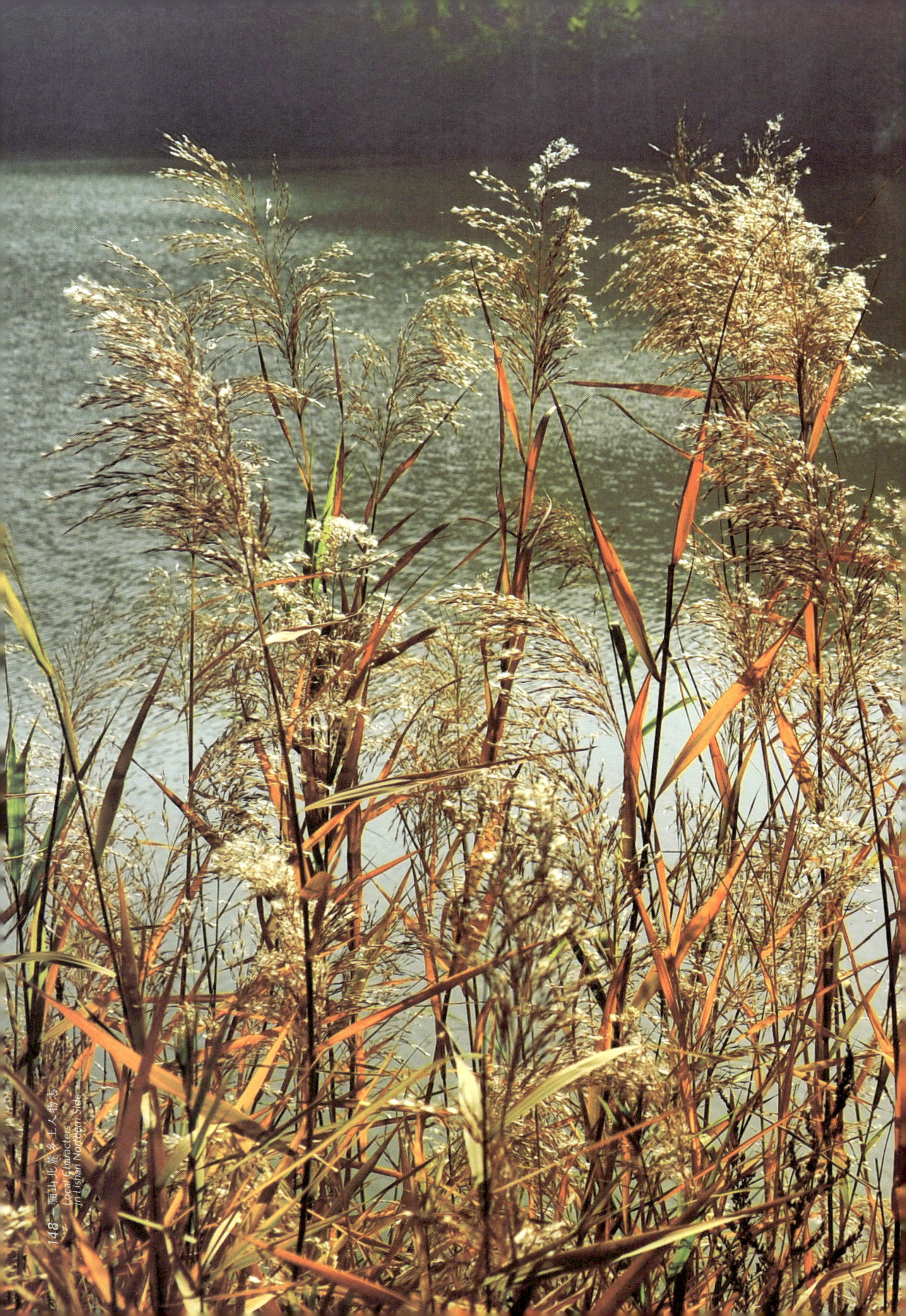

风景秀丽的王坡水库

心怀隐忧

传承千百年的中医是中华传统文化的一部分，和其他传统文化一样，它在今天也受到了各种挑战，王家的中医骨科同样如此。

王家中医骨科用的祖传秘方，是他家医术的根基所在。这些年来，随着王家医科的名声越来越大，前来求医的患者也逐渐增多。村里有人受利益的驱使，盗用他家的药方，而且是用并不齐全的一种药方治不同的病患。王天尚很担心：很多病虽然病情看上去相似，但每个人的情况不同，用药的量肯定不同，拿一个方子看所有的病，这是在害人。在有的地方，王家医科的名声已经被"李鬼"败坏了。患者家属找到了王天尚兴师问罪，弄清缘由后，才明白是冤枉了好人。说起这些，王天尚很气愤，也很无奈。

王天尚作为一名民间中医，用的药大部分还是中药。但这些年，中药市场越来越不景气，西安的中药市场已经由原来的四个减少为两个，其中一个有一半的商户已不继续经营了，药材价格一直上涨，造成行医的困难。尽管如此，王天尚还是遵循着自己的"医者仁心"准则，努力控制着治疗费用，尽量减轻患者的经济负担。

王天尚，这位普通的民间中医，一直践行着"悬壶济世，慈善待人"的宗旨。

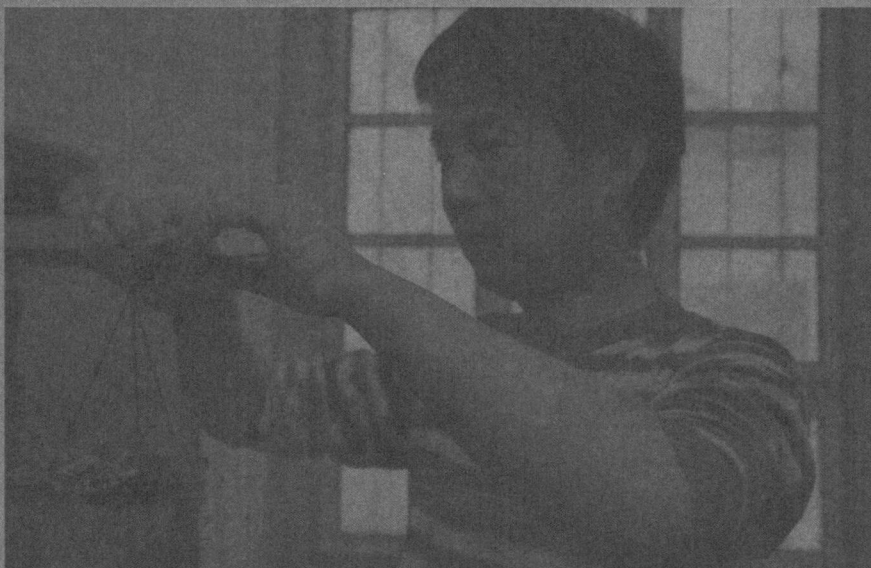

人物独白：

　　父亲常说："医术是一方面，更重要的是要有一颗为病人着想的心。这两样加在一起，才能使治疗的效果达到最佳。"

　　我们是行医世家，讲究的是"悬壶济世，慈善待人"，希望能把这传承下去。我想办个医院，说实话，最让我担心的是祖传药方会泄露，让王家失去几代人相传的医术，我希望能找到一个两全其美的法子，既能办成医院又能保住秘方。

10

有雅趣的农民
郭忠民

郭忠民，

<u>一 个 有 本 事</u>、
<u>有 雅 趣 的 农 民 。</u>

他爱好园艺，

乐于助人，心态淡然，

享受着乡间生活。

老郭坐在新房的屋檐下

老郭身材壮硕，脸颊上泛出农家汉子特有的健康的潮红，年过六旬，却丝毫看不出老态。

初识老郭

杨寨村夏二组的郭忠民是个能人，当了十五年村长，为大家办了不少好事。他还特别有"雅趣"，在园艺上有一手。在一个阳光灿烂的清晨，我们一行四人驱车前往杨寨村，去拜访这位民间园艺家。

摄影师和老郭是老朋友，他介绍说老郭这人特别有意思，特别爱交朋友。据他所知，老郭一家是临潼最后搬出窑洞的人了。最近，他们才从地窑搬到了向阳的新房中。

摄影师虽然知道老郭从事过许多行业，却不知道他还是一名民间兽医，在听到我们说起后，很是惊讶："我跟老郭做了这么长时间的朋友了，还真不知道他有这本事！"于是，他给老郭打电话，开玩笑说："老郭啊！我牵了一头病驴，你可要赶紧帮我看看啊。"

老郭家在村子最东面，独门独户。当车子从村子东头驶过，靠着王坡沟边沿向东行，又折向北来到他家门口。汽车刚停稳，老郭一家便热情地迎了上来。老郭身材壮硕，戴着蓝色的棉线帽子，脸颊上泛出农家汉子特有的健康的潮红，年过六旬，却丝毫看不出老态。一见我们，就急切询问起驴的状况，听摄影师说是和自己开玩笑，便又爽朗地大笑起来。

传统与现代——老郭家的地窖

老郭的"植物园"

他的老伴忙着招呼我们，丝毫不显老态。旁边，是老郭的二儿子，看起来也是个朴实人。特别的是，他留着光头，和老郭"相映成趣"。

老郭家的新房子是两层楼房，从二楼挂的一串串晶红的柿子和辣椒，以及垒在房前空地上的大灶台就可以看出，老郭对之前的生活依旧充满了留恋。

这会儿他家里正在吃早饭，只见小饭桌上摆着洋芋红苕拌汤、油泼辣子夹馍、鸡蛋煎饼、腌制的小菜……老郭一家热情地招呼我们一起吃，盛情难却，大家便品尝了一下老郭家的美味。饭后，他们自己做的柿饼又上桌了。

一顿农家饭，让大家感到一种自然真意，再听到他说"我这人，一不抽烟，二不打牌，就喜欢弄个花花草草，这就是我的生活乐趣"，大家便迫不及待地想要进入他的"植物园"，见识一番。

老郭的牵挂

老郭的"植物园"，其实就是他家西面的一片园子，占地至少一亩。

园子边的一棵小树上拴着他的爱犬"黄黄"，正对我们摇尾巴。透过稀疏的树木，可以看到园子里有一个人工挖出的大坑。老郭说，这就是他家地窖的院子。站在坑边向下望去，窖洞虽然已经废弃，却仍然散发着生活的气息。

而无论是住在地窖，还是住在现在的新屋，都能感受到这个园子的情调、一种别样的氛围。

特别是那一小片竹林，虽不幽深，却也葱茏，让人仿佛置身于王维笔下的"竹里馆"，"独坐幽篁里，弹琴复长啸"的诗意油然而生。微风拂过，细竹摇曳，沙沙作响。几只喜鹊在竹林上方飞着，发出三两声短促有力的鸣叫。

突然，老郭发出一声惊喜的赞叹："这叫金线蝴蝶……我以为早都掉完了呢，没想到还存了这一个啊！"顺着老郭手指的方向看去，在一棵约三十厘米高的小小植株上，一根绿色的长线穿过稀疏的绿叶低垂着，末端一颗肉乎乎的果子几乎快要挨着地面，其形如蝴蝶，小巧可爱。

继续在蜿蜒小径上前行，可以看到园子里不仅种蔬菜，还植有各种各样的花卉和果树，让人目不暇接，高的有竹子、樱桃、银杏、石榴，矮的有菊花、剑麻、蝴蝶兰等，还有好多大家都叫不上名字来，甚至根本没见过。而且，让人惊奇的是，有的一棵植株上长着几种不同的叶子。

这时，老郭不经意地说起自己在这个园子所花的心思，让大家豁然开朗："这里面很多花木都是我嫁接出来的，所以你到别的地方估计都看不到这些花儿呢。你看那株蝴蝶，就是两种果木异性嫁接出来的。"

说到嫁接，就不能不说说这里的果树了，"我的这个园子出的水果味道没得说，种类也特别多。就按季节分，一年下来出的水果有樱桃、杏、梅李子、银杏、梨枣、苹果、桑果、柿子，最后出来的就是石榴了"，惹得大家的口水都要流下来了。

不知不觉间，我们穿过园子，来到了地窖入口，只见一条长长的甬道，斜斜地向下延伸。

老郭介绍，这座地窖是他年轻时靠双手，一锹一锹挖出来的，花了他整整三年时间。这么大的工程，实在让人佩服！

这几年，他的两个儿子相继成家，日子过好了，又在窑洞边建起了新房，但老郭两口子还是住在地窖里。虽然地窖的环境对身体不好，但他们一直舍不得搬，因为那里有着他太多的记忆。今年，实在挨不住儿子的恳求，这才搬到了新房。

老郭虽然如此念旧，但要是有需要，他也能忍痛割爱。三十年前，他当了村长后，带头集资创建了杨寨小学，还把家里另外的四孔窑洞捐了出去当教室。为此老伴还挺生气，觉得他傻。可老郭认为，自己作为村长，有责任付出。也许，他是为了弥补自己的缺憾：他上到初中二

老郭在自己的"植物园"里

年级时，因为家里没钱交学费，便不得不辍学了。他说："钱啥的我不在乎，钱是永远赚不够的。把钱用在娃娃们的教育上，啥时候我都不后悔。"现在，老伴已经理解了他的做法。

在大半辈子里，老郭用自己的吃苦耐劳，改善了居住条件，又用自己的无私，改善了孩子们的学习条件。像他这样的人，无疑是会感到幸福的。

老郭耐心地传授技艺

"务"出来的幸福

大家随着老郭在"植物园"里流连忘返，等出来时，已近中午，看到太阳很好，老郭便把一张小桌搬到了房前空地上，又从屋里拿出几颗家里存放的石榴。石榴的表皮虽已干燥，可是掰开干缩的表皮，就会发现里面的石榴籽儿依然晶莹剔透，红如宝石，味美多汁。

沐浴着暖暖的阳光，老郭说起了自己"务"出幸福的经历。临潼农村把伺弄庄稼叫"务"，简洁明了的一个字，突显了关中农民的直率、豪爽。老郭正是这样一个喜欢务农的人，务花草是他的爱好，务石榴则是他的主业，"务石榴必须勤快，一年四季都让人闲不下来，你花多大力气，就有多大收成"。

老郭家的石榴，从不用化肥，虽然长出的石榴个头稍小，吃起来却更甜、更有风味。老郭觉得务石榴和做人一样，一定要实实在在，不能只追求外表好看。

说到这里，则不能不提他担任村长时做的一件事了。那年，石榴销量不好，他便四处找门路，甚至带着乡亲们一起上北京，和当地批发市场签订销售合同。经过努力，那一年石榴没有一家滞销。这些年来，老郭帮村民解决了很多难题，村里人都对他很服气。现在老郭还担任着村上其他职务，大家也还经常找他帮忙。

说完了主业，他又说起了自己的副业，即养花养草。

对花草的喜爱，让老郭成了种植能手，在附近名气不小。临潼哪儿一有绿化项目，就会请他做修剪、嫁接等管理工作。大多数人遇到这种情况，也许会想办法多赚些

老郭正是这样一个喜欢务农的人，务花草是他的爱好，务石榴则是他的主业，"务石榴必须勤快，一年四季都让人闲不下来，你花多大力气，就有多大收成"。

老郭展示自己养的蜂

老郭的老伴在辛苦劳作

钱，可老郭却非常淡然，他说："一研究这些花草我就来精神，身体也硬朗多了，这也算是花花草草对我的回馈吧。我不指望用它们挣钱……我要是想挣钱，也不会等到现在。"

除了这些，老郭还爱好养蜂，他的三箱蜂就放在门前的梨树下。老郭是个爱钻研的人，起初，他看到别人养蜂，自己也试着养，可总不得要领，后来他就上门向蜂农请教，甚至买了专业书籍学习。通过不断的实践和学习，原本的门外汉成了如今小有名气的养蜂能手。

谈到养殖时，做兽医的事再次成了话题。老郭说他虽然看不了大病，但是看看小病、打下针还是得心应手的。可惜，现在农村的牲畜已经很少了，老郭的手艺也失去了用武之地。

老郭还自豪地说，他不仅能给牲畜看病，还能给人看些小病！要是谁扭伤了，他也能帮忙看看。

看似平凡的老郭，不断地给大家带来惊喜，就仿佛一个神奇的魔术师，不断翻新生活的花样，让人惊叹这位朴素的农民身上不凡的才华！

老郭聊起天，那么淡定从容。他的爱好，成了他的工作、他的生活。也许，这就是老郭的幸福所在。

悠然深致的王坡沟

和老伴闲居

虽然搬出了窑洞，但老郭两口子仍然保留着从前的习惯，喜欢自酿些石榴酒、石榴醋，招待和馈赠亲朋好友。他说，这就是他的生活，儿女都已长大成人，都凭借各自的手艺自食其力，他没有什么顾虑，活得很满足、很幸福。

郭忠民的老伴姓耿，20世纪70年代从陕南柞水嫁过来。两口子相濡以沫过了大半辈子，她觉得这种生活很踏实。

太阳渐渐升到了头顶，老太太做好了油泼面。菜是老郭自己种的，面是老太太亲手擀的，就连油泼辣子的原料也是老郭家自己种的。而餐厅，就是大家所在的这一片天地。

从老郭家向南约一百米处，就是深深的王坡沟。我们所处的这间"餐厅"，视野极开阔。太阳暖暖地照在身上，看着沟那边儿升起的袅袅烟霭，仰望天空中飞过的鸟儿，不由得想起陶渊明"采菊东篱下，悠然见南山"的诗句。

生活在城里的人，向往田园生活而不可得；生活在农村的人，拥有田园生活却不一定能接受；而老郭，就在这远离了都市喧嚣的地方，真正享受着田园生活，享受着自己"务"出来的幸福。

人物独白：

我这人，一不抽烟，二不打牌，就喜欢弄个花花草草，这就是我的生活乐趣。

人活这一辈子就是吃苦来的。以前苦日子过习惯了，现在比那时候强太多了，所以这一辈子从心里往外地感觉知足，俗话说"知足常乐"。人找到一点儿奔头了，不管弄啥事，一天一天过去，心里都是踏实的。

这些年日子过好了，几年变化都赶上以前几十年的变化。咱能看着临潼越来越好，越来越美，心里也高兴，以后也不用去他外地啥地方旅游去，咱这地方啥没有？要风景有风景，要皇上有皇上，咱还要让更多的外地人来咱临潼看看，看看咱这日子美不美，再尝尝咱这不掺假的地道的蜂蜜，叫他们知道咱这儿就是宝地。

11

骊山上的养蜂人

龚民权

龚民权，

住在骊山上的养蜂人。

最开始，他养鸡，

后来，捡了别人放弃的一窝蜂，

开始养蜂生涯。

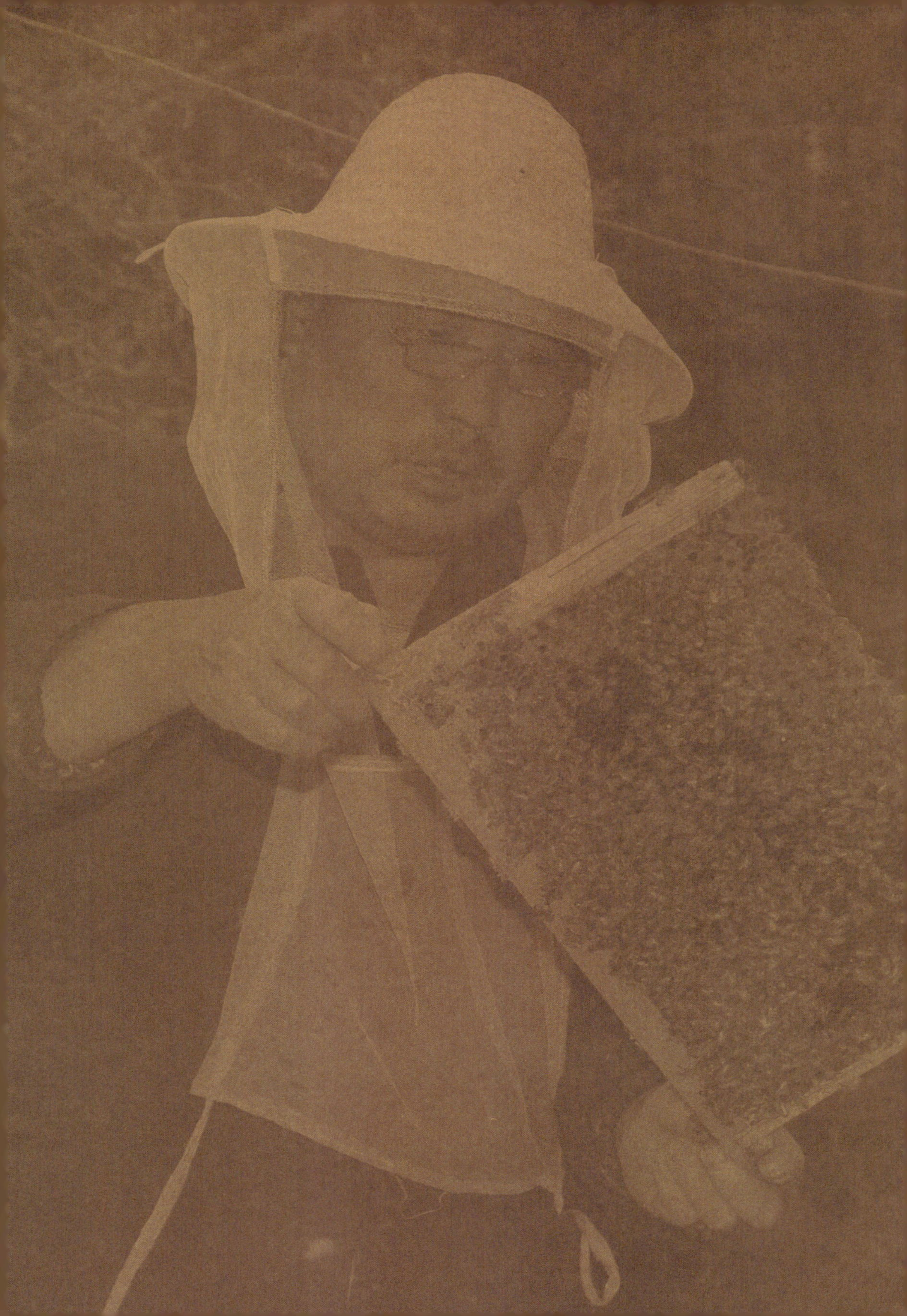

养蜂人龚民权

骊山气候温和，花季常有，各种花开的时间并不相同，刚好为养蜂提供了便利条件，龚吕村的龚民权便是骊山上的一位养蜂人。

时值午后，太阳隐在薄云后面，两面山峦连绵起伏，残雪在山野背阴处，颇有几分山水画的意境。车子在山道间拐来拐去，却是一直向上。进入村里，我们正巧遇到了龚民权的儿媳。随她来到一栋新房子前，她说，这里是她家，刚搬过来……随后，她又指着地上呈半圆形摆着的一溜几十个蜂箱，说这就是她公公养的蜂。蜂箱安静地躺在那里，见不到一只蜜蜂，只能凭空想象春夏时节蜜蜂忙忙碌碌地飞进飞出的情景。

继续往前走，路边，火晶柿子挂在树枝上，国槐叶子虽已稀疏了许多，却仍然有余绿在枝头。右面是山谷，只见皑皑白雪中夹杂着苍黑色，山间还点缀有丝丝绿意，许是凌冬不凋的松柏，只觉心神一清，不由发出"一条藤径绿，万点雪峰晴"之慨。

走进小小的门楼时，两只狗迎了上来。她一边呵斥，一边对我们说："没事，不咬人。"大家进了院子，两只狗还蹲坐在门边看着。

龚民权正在忙碌

听见动静的龚民权从房里出来了。他长得很憨实，嗓音洪亮，不过，他这两天有点感冒，说话不时会咳嗽一下。来到偏房，只见房子里堆得满满当当，地上堆着蜂箱，靠墙放着不少袋子，墙上还挂了一幅布贴画，画面朴拙，有一股乡土气息。

看到大家对那幅画有兴趣，龚民权的老伴就介绍说，那是她自己铰的《二龙戏珠》，这又引起大家一阵赞叹。

老太太一边说话，一边拿出装着蜂蜜的大玻璃瓶，舀出蜂蜜，给大家一人调了一杯，并和老伴一个劲地劝："这跟你们平时买的不一样。光闻一下就知道，香得很！"大伙接过杯子，低头一嗅，果然，一股清香扑鼻而来。再喝上一口，似乎甘甜淌到了心底。看我们喝了一口，老太太又热情地招呼："得是不甜？"

Local Characters
in Lishan Northern Side

遥望龚吕村

言下之意：要不再加点蜂蜜？

大家赶紧说"不用了"，并高声赞叹："甜得很，香得很！""这蜜香！这是真正的蜂蜜，跟外面卖的不一样。"

就着话头，龚民权说："蜂采了啥花做的蜜，自然就有了那种花的香。这是采洋槐花的蜜，里面还有些枣花。后味的酸甜，就是枣花蜜的味道。"

"那么，是不是枣花蜜最好？"

"不是，最好的是荆条花的蜜。"

这真让人意外，荆条是个不起眼的东西，没想到荆条花的蜜却是最好的蜜！

龚民权夫妇还比照实物说起了养蜂知识。说到蜂皮，他就从地上摆的一摞蜂箱里拿出一个，指出什么是蜂皮，讲蜜蜂就在蜂皮上面筑巢，完成之后就在里面产卵。说到了花粉，老太太便从墙边一摞编织袋中提起一个，说："这花粉吃了对人身体好，还能美容，女的要多吃些。"说着便解开袋口，伸手抓出一把花粉，托在掌心，只见无数小米大小、不规则状的颗粒躺在手心，颜色有黄色、棕色、橙色等。

爬满蜜蜂的蜂皮

养蜂之始

有一年春季，一个四川人到龚吕村附近放蜂，走的时候，蜂分群了，有一群就落在龚民权家附近的树上。他看人家不要了，就把那一群蜂收了，开始养蜂。万事开头难，这一群蜂最后还是出了麻达（问题），死了。

他没有灰心，而是虚心地向别的养蜂人学习，周围有谁养蜂，他就去看别人养的情况，学习人家的特长。为此，他还专门找了个师傅，也是因为他买了对方一窝蜂，人家就给他说咋养，一来二去，就有了交情。蜂有了啥问题，他就去请教。需要养王，他就到师傅那里拿个王台（类似于装蝈蝈的笼子，蜂王就养在里面），慢慢的，养蜂的经验也越来越多了。

当然，新问题仍是层出不穷，需要用心面对。比如，有一年，为了防止蜜蜂把孙子蜇了，他就把蜂挪到大儿子那里。那年冬天，听人说交九了，太冷，要把蜂箱包住，他就用破布一包。没想到这一包，箱子里暖和，蜂活动开了，"轰"的一下全都飞出来，他眼睁睁看着蜂一只只冻死在外面的雪地里，没有一点办法。虽然如此，他还是不想放弃。第二年，他又买了三箱蜂，从那以后，规模越来越大，真正把蜂养起来了，也能指导旁的人了。

龚民权自豪地说，他已经参加了陕西省养蜂协会，成了会员。他还拿出了好多《陕西蜂业》杂志给我们看。像龚民权这样，对养蜂这么热爱，又热心指导别人养蜂的人，作为养蜂协会的会员，真的是当之无愧了。

他没有灰心，而是虚心地向别的养蜂人学习，周围有谁养蜂，他就去看别人养的情况，学习人家的特长。

养蜂不易

现在，龚民权算是资深养蜂人了，也经常去给别人看蜜蜂的问题。不过，他很谦虚地说，别看到现在养了这么多年，自己也只是半懂。没有人敢说自己对于养蜂已经完全精通。经验在增加，但蜂身上的病害也在不断地变化。他去别人那里看，也是学习的过程。

"一天忙得很，给这个看给那个看。"老太太在一边说，"有的人就养了几窝蜂，弄不了，就把他叫过去给看一下。"

龚民权说，养蜂也不轻松，忙的时候，近百箱蜂要摇蜜，一家人连吃饭的时间都没有。冬春要防止寒风吹袭蜂箱，夏季要注意蜂箱的遮阴通风，不能在烈日下暴晒；体大而凶猛的胡蜂会来偷袭，把蜜蜂抓走吃掉。这都在其次，最怕的是病害，有时蜜蜂会因为病害大批死去。影响蜜蜂的病菌很多，特别是螨，要是控制不住的话，有可能把一个蜂群都给毁了。如果在头一年秋季把螨杀得严，第二年的蜂就好些。每年6月份，小螨开始出现。那时，把蜂王挂起来，插台，等蜂王把卵产完，然后开始杀螨，这样就好了。7月份，要撒一种专门防治蜜蜂疾病的叫"升化硫"的药，不然对蜂群不好。龚民权今年偷懒没撒这种药，到了秋季蜂群就不是很旺。

放蜂

龚民权说，临潼很多养蜂人，一年中有很长一段时间会到外地放蜂。

放蜂，就是带着蜜蜂赶花期、找蜜源，到菜花开的地方，玫瑰花开的地方，苹果花开的地方，枣花开的地方……哪里有鲜花，就往哪里赶。骊山的蜜采完了，就到铜川采荞花蜜；铜川采完以后，再到陕北采荆条蜜；完了就回来，准备过冬了。这时，蜂群规模也只有高峰时的四分之一了。

春到骊山

当然，很多人在冬天的时候也会外出放蜂，因为北方的蜜源结束了，南方还有花。他们先到陕南，1月份到四川采蜜，到了北方春暖时再带着蜜蜂回来，等回到临潼，蜂群规模就已经比较大了。从一只蜂王、几片蜂皮的蜂，又慢慢发展起来，到本地洋槐月（4、5月）的时候，蜂群便会重新发展起来。

其实，出去放蜂也不是那么容易，首先是投资不小，得置办不少家当，最基本的是得有一台车，还得有帐篷、床、铺盖，灶具也是少不了的，这些得花不少钱。另外，放蜂听起来很浪漫，其实是个辛苦活。"在家千日好，出门一日难"，一天到晚都要照看蜂，要割蜜，要刮蜡，还要做饭，太忙了。再加上风餐露宿，晚上就在野地里支个帐篷睡觉。龚民权身体不行，一直都没有出去。说到这里，他露出了几分遗憾之情。

采蜜

好在骊山上花草众多，油菜花、石榴花、柿子花、枣花以及各种野花次第开放，龚民权的蜜蜂总有蜜可采，他也不用出门受风餐露宿之苦，只和他的近百箱蜜蜂相处，朝迎旭日东升，暮送红霞满天，呼吸清新空气，喝着甘甜蜜水，怡然自得。

问起龚民权是不是临潼养蜂最多的，他笑着说不是，还有人的规模比他大得多，有上千箱，他们几乎常年在外面跑。

由于经过蜜蜂采蜜授粉的作物长得好，不易出现落果等现象，果子还长得大，所以放蜂人到外面一般都很受人们欢迎；也许正因为这个，养蜂业成为国家鼓励的一个产业，受到政策支持，拉蜜蜂的车过桥不收过桥费，上高速不收过路费，只是拍一张照就让过去了，因为蜂不敢停，否则就容易出事。有一回，在高速路口，一个刚参加工作的小伙子非要让车停下接受检查。这一停不要紧，刚一打开箱子，车上的蜂"轰"一下全都飞走了……

只卖高质量的蜜

说起怎么看蜂蜜好坏，龚民权便来了兴致，侃侃而谈。

养蜂是个技术活，不熟悉这一行的人只知道蜜蜂可以产蜜，却不知道为了保证蜂蜜的质量，蜜蜂从采蜜到产蜜整个过程都是要严格控制的。蜜蜂采花蜜和花粉，成果不同。花蜜其实就是花蕊里的一种糖水，是花里产生的天然物质，远远不是咱们吃的蜂蜜，只有经过蜜蜂酿造，这才成了我们熟知的金黄的蜂蜜。

刚采的蜜含水量大，旺季的时候，一到晚上，来到蜂箱跟前，就能听见"嗡嗡"声，那是蜂群在使劲扇翅膀，使蜂蜜里多余的水分蒸发，这个过程要持续好几天。决定蜂蜜好坏的重要一点，就是看几天摇一回蜜，要是十天到半个月摇一回，那蜂蜜就好，纯度高。

在秋冬没有花的时候，养蜂人就要喂蜂吃白糖，这时也产蜜，可是这种蜜不是花上采来的，是假蜜。有口碑的养蜂人是不会卖这种蜜的，龚民权当然也不会，所以，大家都喜欢到他家里来买蜂蜜。他家每年产的蜂蜜，采蜜快结束的时候，也差不多卖完了，一年大概能销售一两千斤。

龚民权还向大家传授起判别蜂蜜的独门秘技：天然蜂蜜摇晃后会起沫，最上面有一层白泡或者白沫。现在超市卖的大多是高温加工过，就没这白沫了。此外，天然的蜂蜜稀稠也会有变化，温度高了看起来稀些，温度低了看起来稠些，在冬季冷的时候还可能结晶。

养蜂人的幸福生活

现如今，儿子已成家立业，孙子也大了，不用龚民权和老伴操那么多心了，今后只要把蜂养好就可以了。他们觉得，自己与蜜蜂早已经密不可分，剩下的这后半辈子，也不准备再做其他的行当了，就只养蜂。养着蜂，龚民权的心里也平静，还能给家里增加些收入，这就足够了。

龚民权专注而执着地守着他的蜜蜂，日复一日、年复一年。可以说，他的蜜蜂养得好，不光因为他经验丰富，还因为他全身心地投入。用心和不用心造就的结果肯定是不一样的，做出的饭不一样，画出的画儿不一样，养出的蜜蜂也不一样。

龚民权能这么投入，也是看到了养蜂对人的身体健康大有益处。以前，每次得了感冒就厉害得不行，自从养蜂以后，他的身体比以前好多了。他说蜂经常在人身上蜇，蜂毒进到身体里，人的抵抗力就强了。所以，养蜂对他而言，挣钱与否倒在其次，关键是对身体有好处。

其实，他的身体状况能得到这么大的改善，不止是蜂毒的疗效，更是他安静平和的心境的作用：身处风景秀丽的骊山，赏四时常新之景，看忙于酿造甜蜜的蜂儿，闹中取静，尽得山野闲雅之趣，身心必定会得到调养。现在的人们，越来越追逐时尚、潮流，失去了一种平和、悠闲的心境，无法过上雅致的生活。有多少人能像龚民权一样，真正明白生活的真谛，享受生活的乐趣呢？

蜂采了啥花做的蜜，自然就有了那种花的香。这是采洋槐花的蜜，里面还有些枣花。后味的酸甜，就是枣花蜜的味道。

唉，现在没有多少年轻人能静下心来花几年时间去学习这门技艺了。

天主指引下的建筑商
王建尚

王建尚，

一位虔诚的天主教徒，

有爱心，

诚信，

平和。

王建尚在教堂里

信仰天主教的村子

王建尚和前面提到的民间中医王天尚是兄弟，也住在杨寨村夏二组。他是一位远近知名的建筑商，也是一位虔诚的天主教徒。

夏二组的绝大多数村民都信仰天主教，原因是什么现在已经说不清了，具体什么时候，谁传教至此，也已不可考。反正父辈们都是信教的，现在，他们的儿孙们也都跟着信了。孩子出生后八天以内，都要受洗礼入教。

作为天主教徒，村民们对孩子道德上的要求很严，所以村子里民风朴实，几乎没有人违法乱纪、打架斗殴。哪里有天灾人祸，村民还会自发捐资救灾，不分教内教外，一视同仁。

我们去时，正是旭日东升，光芒万道。沐浴着阳光，行走在向阳山坡上，回头向山下远眺，一片山野美景尽收眼底。走着走着，忽闻"嘎嘎"的叫声，一只体型挺大的鸟儿从枯黄的草丛中飞走了。小路渐行渐细，没入沟壑中似乎无处可走。四周全是密实的树木，在这木叶萧疏的寒冬时节，只余瘦骨嶙峋的枝杈，在微风中轻轻摆动。

抬头间，突然看到两个醒目的塔尖，恰如海上迷失方向的船看到了灯塔。那就是杨寨村夏二组的教堂。教堂修得很漂亮，红砖砌墙，耸立于这片世外桃源般的乡村民居之中，显得卓尔不群。在关中农村能有这样一座高大的教堂，确实很令人诧异。

看着这么漂亮的教堂，我们对它的设计、建造者更感兴趣了。

王建尚的作品受到摄影者的青睐

杨寨村远景

在王建尚家里

王建尚的家与教堂在同一条街上，相隔不远，房子已经有些年头了。来到他家里，我们见到了这个中年汉子，他脸色黝黑，嗓音洪亮，热情好客。

听他说，自己一年四季都比较忙碌，有一个建设项目前两天才忙完，这才有空回到家里。幸好如此，不然我们必定要抱憾而归了。

进入客厅，明显能感受到浓厚的宗教气息，墙上挂着《圣母与圣子》图，桌子上是"十字架上的耶稣"雕像。看到房子里的格局，大家不由得感叹，这么早建造的房子，竟然有客厅。要知道，以前农村人不会考虑给自己家盖客厅，觉得是浪费，而王建尚偏偏设计了客厅！他哈哈一笑："在这村里，我是第一个有客厅的。就我盖了这个客厅，还有人给我说，你胡弄（乱来，胡乱行事）呢，盖那么大个客厅有啥用！把这么大一间房子搁到这，专门给人谝闲传……"

现在看来，这客厅确实必要。王建尚不愧是搞建筑的，理念就是超前！

说起投身建筑行业以来最重要的作品，王建尚觉得还应该是自己给村里设计的那座教堂，虽然到今天，他已在陕西各地建了十多座教堂，而且一座比一座漂亮。

王建尚拿出一套画册，内容是介绍各地的教堂。这套画册是他向神父借的，作为自己进行建筑设计的参考。翻开一本，只见里面都是各地教堂的照片，其中就有他的作品。他指着自己建造的教堂的照片，向大家一一讲解什么时候建的，当时的设想，等等。

教堂正面

回想当年勇

现在再讲述年轻时建教堂的经历，王建尚仍然兴致勃勃，很是感慨。

村里这座教堂是1986年前后，由本村的村民们集资，由他进行设计、组织建造的。

他说，1982年以后，国家开始提倡宗教信仰自由，这时候有信仰的一些村民决定修建教堂，当时自己只有二十多岁，对建筑上的事懂的还不是特别多，对专业的建筑理论知识几乎是一窍不通。之前只参与建造了几间简易的房舍，但在村里却也算得上是会盖房子的人了，而且是唯一的，所以为村里重新修建教堂的艰巨任务就只能落到他头上。

当时他手里可供参考的资料，只有一些其他教堂的图片，能建起来一个教堂，放在现在是想都不敢想的事。在当时，那真是"初生牛犊不怕虎"，年轻的他完全没有顾忌，大胆上马。

全村人都参与了这项大工程，人人有份，个个出力。在王建尚的带领下，村民们硬是盖起了这座像模像样的教堂来。为了筹集建筑材料，全体村民进行集资，干活也是义务劳动，村里只出柴油。这座教堂的地基和圈梁没用多少钢筋混凝土，几乎全部是红砖，连两个尖塔和穹顶都是用红砖垒起来的。门窗都是从旧教堂上拆下来的，算下来最后只花了2万元，就盖起了这座高21米，宽11米的教堂。这样的花费相当少了，要知道当时盖一座普通民居，一个月的花费也得数千元之多。

从那以后，他在村里也成了叫得响的名人了。直到现在，只要一有人问教堂的事，村里村外的人都能一口报上他的名字来。而那座在风雨中挺立了数十年的教堂，就是他那段光荣岁月的见证。也就是从那时开始，王建尚开始真正踏入建筑行业，算起来他应该是改革开放以来比较早的一批建筑商了。

诚信走四方

挑头修建教堂的事一直激励着王建尚，不仅让他成了当地的名人，也成为促使他进入建筑行业一个机缘。

多年的市场拼搏，让一个涉世未深的农家小伙脱胎换骨，成长为一个建筑商。刚开始，他接一些小点的活，经过不断的发展，生意越做越大，逐渐开始对外接工程。现在，他是西安市政四公司下属的承包商，西安钟鼓楼广场的地砖和西安市里不少建筑工程都是他承包的。

一路走来，有快乐也有辛酸，有成功也有失败，其中的甘苦只有他自己清楚。对这一切，他一直心怀感恩："这一切都是主的指引！"他感恩的主要方

王建尚讲述当时建教堂的经历

式，就是善待他人，尽己所能帮助他人，并为修建教堂
出力。

在建教堂时，他只拿最低的工资。"大工一天就要一百
三十块钱，我拿一个月两千块钱的工资。"王建尚把参与
建教堂看成自己的义务，只为荣耀天主，并不从中赚钱。

很多人都认为，建筑行业最能拖欠工人工资了，三角
债很多，也有老板黑心不给工人钱的，但王建尚绝不拖欠
工人的工资。他常说："我是农民出身，坑农民就跟坑自
己家人一样。"当工程款要不来的时候，他就先用自己的

十字圣架救普世
玉伤宝血赎万民

钱垫付给工人，还曾在过年前开着车到工人家中送钱。因为不拖欠工资，工人们都认可他。

王建尚的一位朋友早逝，妻儿由于建筑业主一直拖欠工程款，生活十分困窘，他便时常接济他们，并尽力帮他们索要欠款。

走进信仰之地

站在教堂门口，仰望高耸的尖顶，感到高深、悠远，令人震撼。

历经二十余年的风雨，这座由"外行"凭着胆大建起来的教堂，却不可思议地一直昂然挺立、岿然不动，即使在2008年汶川大地震的时候，它也巍然屹立，毫发未损。

据王建尚介绍说，这座教堂属于一砖到顶，只打了一道圈梁，使人不由得感叹，真是挑战中国建筑规范的诚意之作啊！

这会儿，教堂大门锁着。原来，大家平时都在忙，一般是周日做祷告。神父原来在这里住，后来搬到临潼去了，周六下午或周日早上过来，主持教务，如讲经、祷告、接受告解等活动。没人的时候，教堂的大门就锁起来了，有活动或者有人要进来的时候再打开。

王建尚到一位教友那里拿了钥匙开门。走进教堂，里面是一间大厅，最里面有一个台子，是神父布道的地方。

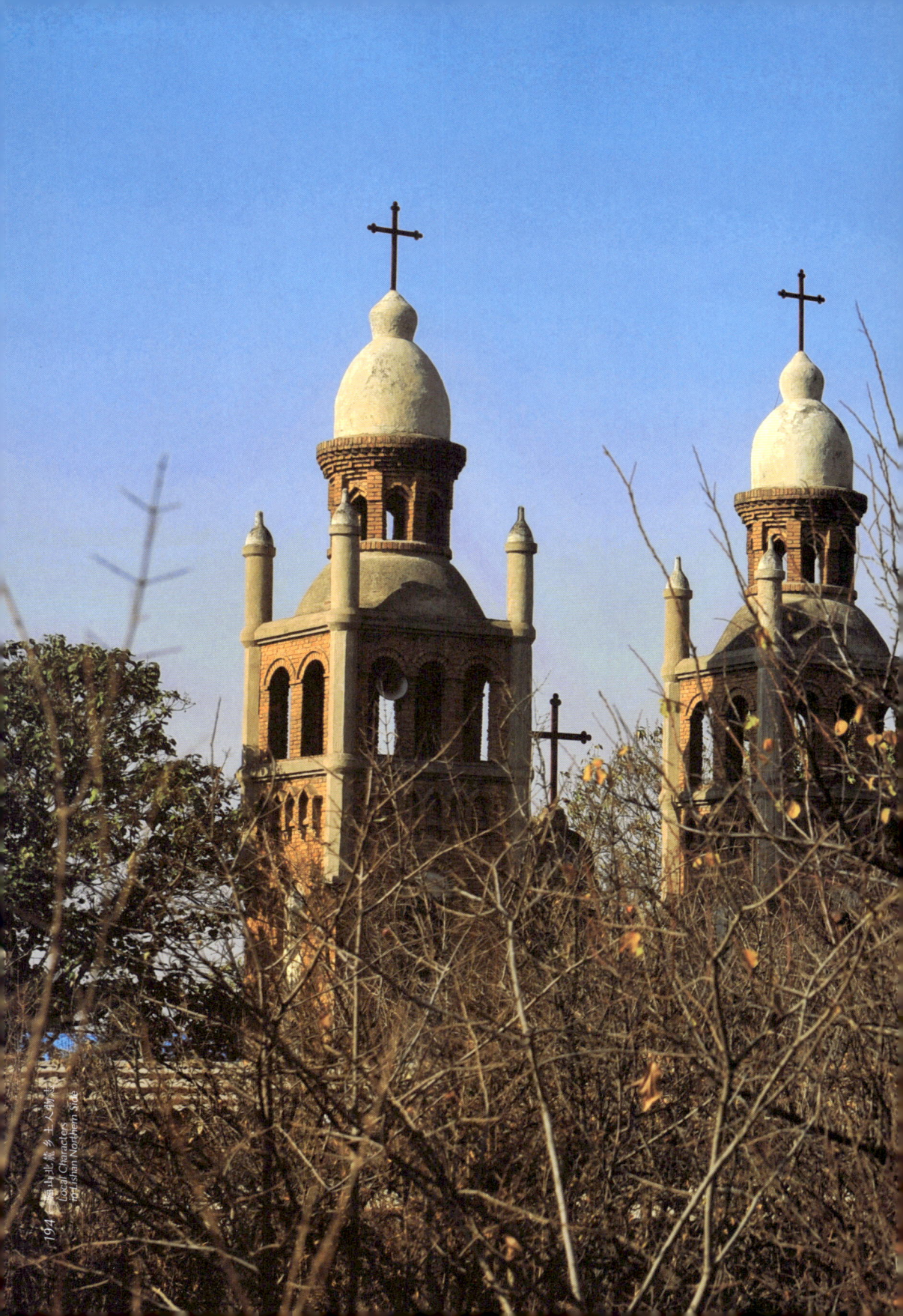

遥山北麓乡土人物志
Local Characters
for Ushan Northern Side

讲台前放着一张讲桌，配着麦克风。讲台下，是两列整齐摆放的靠背椅，有的椅子上还放着《圣经》。在每一张靠背椅前面，都是一条棉布包着的长板，几乎是直接放在地面上，这是跪着祈祷用的。

行走在过道里，脚步声在教堂内回荡。看着眼前这一切，心灵似乎得到了净化与升华。

走出教堂时，王建尚告诉我们，每年的平安夜是最热闹的时候，那时整个村子的教友会一起组织盛大的庆祝活动，并盛情邀请我们到时参加。

说话间，大家又随着他来到村子外的石榴园边，在这里可以看到教堂的全景。

此时，阳光遍洒、芳草萋萋，四下沉寂，只有呼呼的风声、偶尔的说话声、脚踩在枯草上的"沙沙"声，以及从村子里隐隐传来的犬吠声，让一切更显得安详、静谧。

就在这暖暖的阳光下，大家和王建尚有一搭没一搭地聊着。他说，自己的一个儿子、一个女儿，如今都已安顿好了。儿子给别人开车，女儿当老师。说起这些，他话语里透出一种豁达。也许，这也是受了信仰的影响：把一切交给天主，受天主的指引。所以，心中没有了忧愁。

感受着这里人们日出而作、日落而息的安静、平和，在这个浮躁的世界对自己纯洁的信仰的坚持，大伙的内心便不禁生出几分安适和恬静、不舍与向往。

　　我在建筑行业里头也打拼了二十几年了，从原来的一窍不通到现在生意越做越大，谁能想到我的这些成就是产生于这么一个偶然的机会呢？所以人这辈子有些事真是不可思议得很，我也一直有感恩之心，啥时候也都想着这个教堂。

　　我做生意的风格也受到我们这里民风的影响，因为我们村里人都是教民，大家不管在啥事情上都能大公无私，这些年我挣的都是问心无愧的钱，谁跟着我一起干最后都不会对我有啥不满，所以我现在朋友也多得很，一起坐坐聊聊天，这日子还图个啥呢？俩字：知足。

民间"红色"收藏家
武清雅

武清雅，

一位言语不多、

痴迷于收藏几十年的老民兵。

他收藏文物，

其实就是在收藏历史，收藏文化，

也是在收藏人生，收藏生活。

武清雅身材高大，步履稳健，而微驼的脊背，饱经风霜、刻满了皱纹的脸庞，则表明他已届高龄。

一问才知，他马上就七十岁了。

武清雅展示自己的藏品

热衷收藏的老民兵

临潼区斜口街办枣园村的武清雅热衷红色收藏，并专门在自家腾出一间大房子进行陈列，供有兴趣的人参观、阅览、查资料。

在一个天阴寒冷的冬日，我们来到武清雅家。武清雅身材高大，步履稳健，而微驼的脊背，饱经风霜、刻满了皱纹的脸庞，则表明他已届高龄。一问才知，他马上就七十岁了。

武清雅说话不急不徐，明显是一个沉稳、内敛的人。不过，只要说起收藏，他的兴致就高昂起来，神采飞扬，好像变了一个人。

武清雅做收藏，完全是出于爱好。这个爱好由来已久，大概在上中学时，他就开始收集一些自己觉得有价值的东西了。而促使他进行"红色"收藏的，有一个重要的契机。1966年他初中毕业后，担任了民兵连长。有一次，他要组织民兵学毛主席哲学著作，却找不到五篇哲学文章的单行本，这让他苦恼了很长时间。在这种情况下，他产生了收藏毛主席著作的念头。此后，虽然工作有所变动，但他不论是在担任民兵团政工组长、枣园大队队长、枣园大队民兵连长时，还是辞职开工厂时，对收藏的热情都丝毫不减。

刚开始，他专注于收集与毛主席有关的东西，如毛主席文章、诗词、语录、像章、画册及明信片等。后来，随着经验的丰富、兴趣的扩展，他收藏的范围也慢慢扩大，其他领导人的文集及相关的图书、画册等也成为他的藏品，甚至只要是觉得有价值的东西，他都保存下来。

几十年来，每有闲暇，他便四处奔走，收集藏品。

他收集藏品的途径主要有三个：一是整理自己平时接触到的东西，二是接受亲戚朋友的赠送，三是自己到处去淘。不论上街还是赶会，只要一有时间，他就会到书店和旧书摊逛逛，发现毛主席的像章、图片和其他革命题材的书籍、物品，他都想办法买回来。

他特意去过延安、北京及海南等地，搜罗各种藏品。从2000年开始，他几乎每年都要出去旅游，跑了河南、山西、四川等地。而借着这个机会，他继续着自己的收藏"大业"，收集了不少好东西。

临潼乡野

收藏室一角

武清雅的收藏室

收集的东西多了，武清雅就专门腾出来一个房间进行摆放，还按自己的想法对展览室的布局进行了设计。

展览室靠近大门口。由于这天有点阴，屋子里光线不足，武清雅便接了一盏落地台灯过来。灯光亮起，密密麻麻的藏品跃入眼帘，让人不由得感叹这里收藏数量之大、种类之丰！而在大量的旧日红色中间，偶尔也可见到现代的东西，与"红色"文化关联不大。比如，各种连环画、20世纪50年代及80年代的戏剧剧本，以及书柜上方毛主席画像前的一组镶在镜框中的奥运福娃，便让人感到了现代气息，体会到时代的发展。

对面靠墙处摆成了祭台造型：墙上正中挂着一幅巨大的毛主席画像，两边是一副对联，写着"春风杨柳万千条，六亿神州尽舜尧"，这是从毛主席诗词里摘出的两句。对联外，则贴满了色彩古旧的图片，左边是好多剧照，《智取威虎山》《白毛女》《沙家浜》等的剧照赫然在列；右边是20世纪六七十年代的宣传画，一种昔时的红色气息扑面而来。毛主席画像前，摆着一张长条桌，紫色的桌帷垂至地面。桌子上，整齐地摆放着小雕像、笔筒及镶在镜框里的照片等。

另外两面墙边也有高高的书柜，书柜的每一层上都摆放着大量书册，书柜上面同样挤满了各种小物件。就连屋子中间，也被充分利用，木板、桌子上的藏品同样摆得满满当当的。

说起自己的"极品"收藏，武清雅介绍说，他这里的《毛主席语录》，除了汉语版的，还有俄文版、英文版的。各个时期，特别是20世纪六七十年代出版的毛主席诗词，差不多都有。他抽出一本，说："这样子的，就像字帖一样。"翻开一看，里面的字竖排，是毛笔写的行书，据说这是当年供人们练毛笔字用的。同时，他收藏的毛主席、周总理等老一辈领导人的像章有几千件。书柜顶上有一块板子，上面镶了好多毛主席像章，当然，这只是很小的一部分。

说起来，武清雅能收集到这么多东西，是因为他能处处留心：当年，毛主席像章数量很多，简直是铺天盖地，各种材质、各种尺寸的都有。不过，一般人都不会在意这些东西，而武清雅却留意上了，只要觉得有价值的，他都细心地收藏起来，有机会时，他还和别人交换了不少自己没有的像章。他指着一幅印在铁板上的《毛主席去安源》的画说："这是挺老的了……边上都是锈斑。"接着，他又拿出一叠《群丑图》摊在靠窗的桌子上，让大家看。虽然从这些画的纸质可以看出，都是近年来印的，只不过进行了做旧，但是看着它，众人的思绪仍然不由得飘回了曾经的年代。武清雅说，通过这些东西，可以感受到当时的社会面貌。

除了眼前所见的这些藏品，武清雅还收藏了不少与百姓生活密切相关的东西，特别是票证时代的鲜活见证，比如粮票、布票、油票等他这里都有。这些东西现在看着不起眼，但在20世纪六七十年代可是十分珍贵的。那时，你要是光有钱没有票，就什么都买不到，还有可能因为"投机倒把"被抓起来。

至于带有武清雅本人强烈印迹的东西，当然是必不可少的。他说，自己连小学毕业证、做红卫兵时串连的介绍信也都保留着。而时间跨度最大的，应该算是大约五百多张旅游门票了，这些门票，全国各地的都有，从20世纪70年代一直到90年代，以至近年，构成了一条完整的链条，反映了社会的发展进步。眼前这么多藏品，也可以说是他几十年来的足迹啊！

武清雅背着手，站在自己的珍藏品中间，脸上的笑容，让人强烈地感受到他心里巨大的成就感。他觉得，自己的这些收藏，给大家提供了一个学习的途径，可以直观地了解过去都发生了哪些事情，从而能对历史有个客观的认识。

为了更好地发挥自己这些藏品的价值，利于保管和展示，武清雅还准备抽出时间，为它们编制目录，让大家从中学到更多。

武清雅的藏品

武清雅在整理藏品

这里的每一件藏品都带着岁月的印痕，有着鲜明的时代烙印，传递着丰富的历史信息。

武清雅的收藏感悟

武清雅强调，自己做收藏，只是把它当成一种爱好，而不是投资。

特别是在收藏的前期，他的藏品大多不是花钱买的。直到后来，随着家庭经济条件有所好转，他再到有些地方去转，看到特别中意的才买下来。2011年12月，他在西安南郊一个旧书摊见到稀有的毛主席像章和诗词手迹本，觉得有必要收集，就最终花了660元买了下来。

就着话头，武清雅说到最近几年的情况，感叹收集藏品变得越来越不容易了。一是因为加入收藏行列的人越来越多；二是因为随着时间的推移，好多东西渐渐消失了，再也无法轻易获得了。

审时度势，他对自己的收藏方向进行了调整，开始收藏与近年来大事有关的一些东西，比如北京奥运会期间的

乡村道路

福娃纪念品等。

武清雅说，自己现在的藏品约有上万件。话音未了，他又感叹道，要不是自己的藏品被偷了一次，遗失很多，现在的数量应该更多。

那是十几年前，他这边的房子刚盖好，人搬过来了，好多藏品还留在老屋。那边没人，招了贼，结果有很大一部分被盗，再也没有找回来。他当时心疼得不得了，就赶紧把藏品往这边搬，就是这些剩下的，也用三轮车拉了好几车。语毕，他神情凝重地抚摩着眼前的藏品，目光柔和，就像在注视着自己的孩子。

武清雅的大半生，就是用这种属于自己的方式记录着时代的变迁，打捞着逝去的时光之河留在岸上的纪念品。一张油画、一枚像章、一本旧书……这里的每一件藏品都带着岁月的印痕，有着鲜明的时代烙印，传递着丰富的历史信息；它们生动地展现出时光长河不息的脚步，"看到了这些，就像回到了以前"。

"一切历史都是当代史"，铭记昨天，我们才能把握今天，奔向未来。经常地，我们需要用心倾听历史的回音……

人物独白：

我对党的感情是很深的，到现在有四十多年的党龄了。

我也不是啥专业收藏，就是个爱好，也希望这么些东西，能对大家有些用处。

14

戏迷自乐班"班头"

姜民政

他们是一群戏迷，

是真正的戏曲爱好者。

他们演唱，不图名，不图利，

只为吼两嗓子，在一起乐呵一下，

尽兴就好。

姜民政，

当"村官"多年，

热心地为戏曲爱好者们服务，

并乐在其中。

自乐班合影

韩峪有个自乐班

"八百里秦川尘土飞扬，三千万老陕齐吼秦腔⑬"。

在陕西这块古老的土地上，秦腔深受三秦儿女的喜爱，拥有大批忠实的"粉丝"。骊山北麓一带的戏曲氛围便极为浓郁。经常地，行走在街头巷尾、田间地头，不经意间就会听到或高亢嘹亮或低回悠长的秦腔。韩峪范村组的姜民政老先生连自己的手机铃声也设定为秦腔。他的电话"业务繁忙"，于是，人们就会不时听到他的手机里"秦"声飞扬。

多年来，自乐班的成员们在姜民政的家里聚会，多则数十人，少则三五人。你唱一段，我唱一段。

姜民政老先生今年六十多岁，戴着一副老花镜，身材高瘦，面容清癯，腰板笔直，显得身体十分硬朗。从年轻时到现在，他都是个响当当的人物，当过生产队队长、会计，现在是这里的村民小组组长。作为一名地地道道的秦人，他爱极了秦腔，有着一种入心入骨的迷恋。平日里听戏的痴迷自不必说，自己也能唱好多秦腔的名段，还能演奏乐器。

之所以如此，原因便在于骊山北麓一带有戏曲表演的传统，早在"农业学大寨"的年代，他们这里的戏曲事业就很红火，好多人因此爱上了唱戏。姜民政在小学毕业后，也排过一段时间的戏，跑过龙套。

改革开放之后，文艺发展的高潮出现了。他们村子的戏迷经常三五成群地聚在一起，相互学习提高。时间久了，大伙一合计，就成立了"自乐班"。二十余年过去了，当时的发起者，如今只剩下姜老先生一人了。由于威望高，他成了自乐班的"班头"。这些年来，他为自乐班的发展很是倾注了一番心血：组织大家练习，为大家搞好后勤保障。

多年来，自乐班的成员们在姜民政的家里聚会、练习，多则数十人，少则三五人。你唱一段，我唱一段，唱得好的，便叫声好，赞叹一番；唱得一般的，也鼓励几句。唱累了，端起杯子大口灌上几口茶水，讲讲古、论论今。大家聚在一起，既切磋了戏曲技艺，又交流了感情。

这天，在姜民政家的客厅里，自乐班的成员们或坐或站，抽烟喝茶，大声聊天，偶尔有人调校乐器，便有"咿咿呀呀"的乐声传来。看着他们手中各式各样的乐器，我们很是好奇。询问后得知，唱秦腔最主要的乐器就这些了，大致有鼓、锣、钹、扬琴、梆子等，甚至还配上了电子琴，真可以称得上是中西合璧。

而实际上，秦腔作为国内一大古老剧种，其伴奏大有文章，分为文场和武场两种。两者所用的乐器略有不同，文场有板胡、二弦子、二胡、笛、三弦、琵琶、扬琴、唢呐、海笛、管子、大号（喇叭）等；武场有暴鼓、干鼓、堂鼓、句锣、小锣、马锣、铙钹、铰子、梆子等。其中最主要的乐器是板胡。

秦腔开唱了

姜民政说，他们拥有的伴奏乐器不少，自乐班里很多人都会奏，但都不精，主要是因为集中训练的时间比较少。不过，他们平时练习时，对于伴奏的要求并不高，只要有机会上场唱两句，哪怕只有一把板胡，也能撑起场子。当然，这也是被逼无奈下的选择。自乐班的成员大多是中年人，上有老下有小，农村事忙，要把一大帮子人聚到一起，着实是件不容易的事，所以他们一般每周二、周五晚上的七点至十点进行练习，谁有空了就过来。农闲时，特别是冬天，大家的时间会多些，他们的活动也相对较多，几乎都能赶过来，每年阴历二、三月的时候最红火。到麦收季节，戏迷们又都开始忙活地里的活了。

"秦"声飞扬

　　时至今天，自乐班的活动早已成为韩峪人生活的一部分。每逢农村庙会、春节、元宵节，以及其他的重大节假日，或者村民家里办事需要热闹一下，自乐班的戏迷们都会过去，无偿演出，烘托气氛。

　　姜民政特意举了庙会为例，说除了老母殿[1]的庙会是在骊山上以外，其他好多地方的庙会都是在本地举办。有钱的大队会请专业的演出剧团来演出，他们这些人则到庙里，自拉自唱。这些年，每年的正月初一、十五这两天，人们都有时间，他们就经常在医院的门口进行表演，想唱的就上去唱两段。

　　说话间，表演的准备工作完成了。此时，正值正午时分，是冬日里难得的好天气，没有一丝风，和煦的阳光带来丝丝暖意。大门周围聚了很多人，把门前好大一片空地围得水泄不通，气氛很是热烈。

　　伴奏的成员呈"八"字形，在门的两边或站或坐。周围的观众中，有须发皆白的老人，有虎背熊腰的壮汉，也有怀抱婴孩的妇女。几个小孩子兴奋地在人群中钻来钻去，互相追逐打闹。一只黄狗卧在台阶上，占据着一块看戏的好位置。

"戏迷"登台

这时，一位演唱者来到场中央，摆好了姿势。人群里的交谈声小了下去，大家都把目光聚焦在表演者身上。熟悉的苍凉乐声响起，高亢的吼声随之而来。

演唱者们一人唱一小段，唱完了就自动退场，有时互相谦让一番，你上来，我下去，有条不紊，秩序井然。每个人的演唱风格不尽相同，有的激昂悲壮，让人油然生起"金戈铁马，气吞万里如虎"的豪情；有的热情欢快，颇有"大珠小珠落玉盘"的妙境；有的苍凉悲怆，让人感受到了大漠孤烟的寂寥。

侯阿姨登台表演

给大家印象最深的是一对赵氏兄妹，因为他们不像别人一样唱秦腔，而是唱的眉户。特别是妹妹上场，唱了一段《梁秋艳》，喝彩声哄然响起。她一边演唱，一边做着动作，表现人物感情，真有几分专业人士的风范。不同于他人唱秦腔时的高亢，她的唱腔婉转，动作温柔，给人耳目一新的感觉。

人物特写

这个自乐班里，有两位人物，可以说是他们这个群体的代表。在他们身上，体现出了自乐班持续发展的要素所在：甘心付出、进行指导的老前辈；酷爱戏曲，不断磨炼、进取的新人。

侯阿姨

二十年前，侯阿姨在扭秧歌时，接触到好多老艺人，他们把她领上了秦腔演唱之路。

刚开始，她基础不太好，唱得一般。不过她没有放弃，而是坚持练习，有机会就到这里向前辈讨教，不管阴晴雨雪，只要能抽出时间，她都要练习。在家里时，她就听录音、看碟片，还让孙子帮她从网上下载了些视频，用于学唱。她经营着商店，不忙的时候，就一个人小声哼唱，自娱自乐，生活过得有滋有味。

现在，她唱戏的劲头更胜当年，为了挤出时间唱戏，她经常提前计划好家中的杂事，安排好时间。除了唱，她有时也会客串敲梆子、句锣，当然，高手来了之后，她就要让位了。

"老团长"

"老团长"是这个自乐班的团长兼导演，姓赵，是一位鹤发童颜、神态安详的老者。他家学渊源，家里几代人都是唱戏的。他指导过很多人的唱功，"学生"过百，可谓"一代宗师"。因为年高德劭，他被大家伙儿尊称为"老团长"。

这会儿，他穿件红色外套，戴顶棉线帽子，看上去，步履有些蹒跚。交谈中得知，他得了脑梗，不久前才能走动，到现在还没有完全恢复。曾经做过医生的范会贤在一旁给他建议，要坚持吃药，还要锻炼，这样才能更快地恢复。她一边说还一边示范，让他多活动手，快速握拳，再放开，又建议他经常转养生球、拣豆子。

韩峪附近的骊山老母殿

戏迷自乐班的未来

今天，回头审视范村组戏迷自乐班的发展历程，不得不感叹他们这一路上的艰辛与执着。

刚开始，自乐班的条件简陋，慢慢地，乐器、戏装一件件添置，现在一般的旦角头上戴的、身上穿的，老生的胡子等道具都有了。

但随着时间的流逝，老人们慢慢退场了，最近又有三四个成员病了，行动不便，人就更少了一点。到现在，当年发起自乐班的前辈有两位已经不在了，目前主要由姜民政负责；自乐班原本的成员有二十多人，也在不断更新。

更让人心头沉重的是，现在的年轻人喜欢流行音乐，不怎么爱戏剧，喜欢唱的差不多都是中老年人，所以越来越感到后继无人。

"想要保持下去，还得不断发展新人。"姜民政似乎有些沉默。接着他说起自乐班里一位姓王的老成员，得了脑血栓，行动不便，却仍然坚持来这里。自己唱不了，就给自乐班敲敲锣，跟着看一看，指导一下年轻的团员。"只要我们这些人在一天，自乐班就要一直办下去。"姜民政说。

实际上，自乐班的遭遇，只是秦腔发展现状的一个缩影。相信在社会飞速发展、娱乐方式多元的今天，众多的秦腔自乐班会找到适合自己的生存方式、发展方式，以自己独特的姿态更广泛地出现在人们的生活里。

人物独白：

想要保持下去，还得不断发展新人。

只要我们这些人在一天，自乐班就要一直办下去。

⑬ 秦腔

　　秦腔也称"乱弹"，是现存最古老、最大的剧种，被誉为百戏之源，流行遍及中国西北地区的陕西、甘肃、青海及宁夏一带。又因其以枣木梆子为击节乐器，所以又叫"梆子腔"，俗称"桄桄子"（因以梆击节时发出"桄桄"声）。

　　秦腔因其流行地区的不同，演变成不同的流派：流行于关中东部渭南地区的称"东路秦腔"；流行于关中西部的称"西路秦腔"；流行于汉中一带的称"汉调桄桄"；流行于西安一带的称"中路秦腔"。

　　"秦腔形成于秦，精进于汉，昌明于唐，完整于元，成熟于明，广播于清，几经演变，蔚为大观。"其鼎盛时期在乾隆年间（1736—1795年），此时全国很多地方都出现了秦腔班社，仅西安就有三十六个秦腔班社，如保符班、江东班、双寨班、锦绣班等。魏长生进京演出秦腔，轰动京师。

　　辛亥革命后，西安成立了易俗社，专演秦腔，锐意改革，吸收京剧等剧种的营养，唱腔从高亢激昂趋于柔和清丽，既保存原有的风格，又融入新的格调。

　　秦腔唱腔为板式变化体，分欢音、苦音两种，前者长于表现欢快、喜悦情绪；后者善于抒发悲愤、凄凉情感。依剧中情节和人物需要选择使用。板式有慢板、二六、代板、起板、尖板、滚板及花腔，拖腔尤富特色。主奏乐器为板胡，发音尖细清脆。秦腔的表演朴实、粗犷、细腻、深刻，以情动人，富有夸张性。角色行当分为四生、六旦、二净、一丑，计十三门，又称"十三头网子"，表演唱做并佳。

　　2006年5月20日，秦腔经国务院批准列入第一批国家级非物质文化遗产名录。2007年6月8日，陕西省西安秦腔剧院获得国家文化部颁布的首届文化遗产日奖。

秦腔表演

⑭
老母殿

骊山老母，即女娲娘娘。她是道教传说中的一位女神，中国的很多地方都为她建立了神庙。现存同类神庙中，陕西临潼地区的骊山老母殿最为著名，很多人认为老母殿的签很灵。

老母殿始建于秦，自古以来就是骊山上著名的道教宫观。相传骊山老母曾在此炼石补天。老母仙逝后，人们将其葬于骊山之阳（现蓝田县内），又在骊山西绣岭第三峰上修建了一座女娲祠，后人称之"老母殿"。此殿坐北朝南，有前后两院，殿内供奉着老母像，并保存了众多文物，其中，唐时所立的《骊山老母授经碑》极为珍贵，它记述了唐代著名道士李筌在骊山脚下遇老母，并得授《阴符经》的经过。

每年农历六月十一至六月十五，这里都有庙会，当地人称"单子会"。

关于"单子会"，还有个美好的传说。据说在古代，一女子婚后多年无子，于是在某天下午独自登山，来到老母殿求子，因天黑而无法下山，只得在山上铺张床单过夜，没想到，她十月后喜得麟儿。此事传开，引来众人效仿。时间久了，形成"单子会"，即每年农历六月十一到十五这五天，大批当地人都会上山求子、过夜。

老母殿上香的人群

单子会上的祈福道姑

上香的人群

15

秧歌锣鼓队成员

杨兴平

秧 歌 锣 鼓 ，

人 们 表 达 欢 乐 喜 悦 之 情 的 方 式 之 一 。

杨兴平，

一个爱"折腾"的人，秧歌锣鼓队即是他和大伙折腾起来的。

主业做建筑的他，

因为对秧歌锣鼓爱得深切，

所以坚持折腾至今。

实际上，韩峪的秧歌锣鼓队历史比较久远。早在20世纪五六十年代，韩峪的各个生产队就有自己的秧歌锣鼓队伍，朱家口也不例外。

秧歌锣鼓队的乐器

"折腾"出一支秧歌锣鼓队

如今，韩峪朱家口的秧歌锣鼓队在当地已是小有名气。而它当初的成立与今天的发展，与本村村民杨兴平等人的努力是分不开的。

实际上，韩峪的秧歌锣鼓队历史比较久远。早在20世纪五六十年代，韩峪的各个生产队就有自己的秧歌锣鼓队伍，朱家口也不例外。而在改革开放后，韩峪的各个秧歌锣鼓队曾一度陷入沉寂。这时，杨兴平和其他爱好者跑前跑后，联系村民，率先组织起了一支秧歌锣鼓队。没想到，他们此举激发了韩峪其他村子人们的热情，秧歌锣鼓队如雨后春笋般纷纷涌现，韩峪的秧歌再次焕发生机，并一直红火到现在。

秧歌队成员

秧歌队的"全家福"

这天，秧歌锣鼓队的表演又开始了。场边，中等个子的杨兴平抖擞精神，敲起了大鼓，一件藏蓝色的上衣，使他看上去很年轻。事实上，直到现在，他仍是秧歌锣鼓队的骨干成员。而能在队伍中起到这么大的作用，很大程度是因为他热爱秧歌锣鼓表演，并且是个比较喜欢"折腾"的人。他在十几岁的时候，跟附近的李老二学武术，又跟别人学戏。后来，他走上社会，从二十岁左右开始在建筑行当学做泥瓦工到现在，时间已经过去二十多年了，今年五十一岁的他已经是一个包工头了。虽然经历了岁月变迁、世事变幻，但杨兴平对秧歌锣鼓的热情丝毫不减。他一直在秧歌锣鼓队中担任着重要职务——司鼓，除此而外，他还能敲钹。他对于锣鼓的重要性很有认识，认为锣鼓是一项古老的民间艺术，这项艺术的妙旨就在于能够渲染气氛，并且，锣鼓也是重要的指示工具，有了它，大家在表演中就有章可循，能做到相互配合了。

除了在本村表演，他们还到外村进行表演，并曾与其他队伍进行比赛。上一次的比赛，经过激烈角逐，他们略

表演即将开始

锣鼓敲起来

逊范家村的队伍一筹，屈居第二。虽然成绩还不错，不过他们还是感到可惜。大家觉得，要不是范家村有钱，专门置办了统一的服装以及其他家当，第一就是他们的了。

所以，他们今年想把这事好好弄一下，添置家当，统一衣服，换一些乐器。而这就意味着他们要想办法解决经费问题。杨兴平说，经费不足对秧歌锣鼓队的影响确实挺大。一直以来，秧歌锣鼓队的经费来源有两个：一是队上给点；二是大家集资，按个人意愿，经济宽裕的多出点，不好的少出点，五块十块的都行，但这些钱只是杯水车薪。不过他也相信，只要想办法，困难总是可以克服的，他们这个队伍的用具，就是成员们通过集资买的。

秧歌锣鼓队"业务"繁忙

秧歌锣鼓队的活动，丰富了当地人的生活，给韩峪的人们带来了巨大的欢乐。

正如杨兴平说，他们组织这个的初衷就是为了图个热闹。确实，生活就像一个故事，也需要变化；要是一直平淡地向前延伸，那就失去了吸引力。

平时，只要有时间，他们这支队伍就会组织起来，进行训练。冬季农活少，大家的空闲时间多了，训练也就多一些了。特别是到了春节前，很多在外面忙碌的村民都回来了，那时的训练就更多了。

他们主要的表演时间，一个是过会，一个是春节、元宵节，平时谁家里有事，大家也会去热闹一番。而每到正式表演时，他们经常会跟另一个表演队联合起来，敲锣的、打鼓的、扭秧歌的，加起来总共有一百多人，也算得上声势浩大了。

农村夏收结束，称为"忙罢"，这时的繁忙告一段落，农民们带着丰收的喜悦，会有一个集会，即"过

竞争对手范家村在表演

会"，这时，秧歌、锣鼓的热烈就派上了用场。

而像春节、元宵节这些普天同庆的大节日，更是他们大显身手的时候。秧歌锣鼓和戏剧一道，成为节日里主要的活动之一。这时，除了相互问好祝福，更要通过秧歌、戏曲等形式，大肆庆祝一番，热热闹闹，为节日增添喜庆气氛。正如很多人感觉的那样："要是过年过节没一点响动，这个年啊节的，就好像缺了啥似的。"

表演进行中

画山北魔乡土人物志
Local Characters
in Lishan Northern Side

表演现场热闹非凡

现场表演

这天，秧歌锣鼓队的表演地点，就选在朱家口的一个丁字路口。我们还没走到跟前，熟悉的"咚咚—锵锵锵"的锣鼓声已在耳边响起，似乎连空气都一起震动，心脏开始也不由自主地随着鼓点的节奏跳动。

表演开始了，众多的村民、路人都关注着场中，有的看那七八个正在敲锣打鼓的，有的看着那二三十名妇女，她们正踩着铿锵的鼓点，一进一退地边扭边舞。她们穿着统一的服装，在腰间系了绿色的绸带，双手持着舞动，让人眼前一亮。其间，她们还不断地变换队形，一会儿排成两列，一会儿穿插而行。场上的人神采飞扬，场边观看的人也都兴高采烈。

再看敲锣打鼓的，在街边道沿上一字排开。一只半人高的大鼓醒目地摆在中间，敲鼓的正是杨兴平。其他成员站在他两边，有的敲锣，有的敲钹。他们的动作或豪放，或优雅，但都在热烈中透着几分悠闲，有的嘴里甚至还叼着根纸烟，显示敲锣打鼓对他们而言，是一种享受。

表演告一段落，杨兴平放下鼓槌，又和大家聊了起来。看到在这么低的气温下他的额头竟然微微见汗，旁边就有人开玩笑地说："敲鼓就是个体力活！"

他笑着说："那当然！不过，也就是费些劲。比打麻将强得多，弄那个，不但要花时间，还要花钱，把钱折进去了就回不来了！"说起这个，他深有感触。去年冬天，冷得要命，他的一个朋友在外面给人干了三天活，早上五六点就起床，赚了几百块钱，结果因为玩了一下牌，一回就把那些钱都"送"出去了。

正说着，旁边就有人插话道："敲锣鼓就是耍一下，弄这事可烂包（陕西方言，意为陷入困难、无法收拾）不了。"一句玩笑话，正说明扭秧歌还有一个重要功能——让人走正道。

说到今天的表演，杨兴平觉得场面还不够大，他略带遗憾地说，要是到了真正表演的时候，内容就更多了。除了今天这些最基本的，还有大头娃、划旱船、跑驴等，那才真是热闹。

虽然这次没有亲眼看到杨兴平所说的热闹场面，但能在这个冬日里看到他们热情的表演，也不虚此行了。愿他们这支秧歌锣鼓队发展得更好，舞出快乐，舞出健康，舞出更好的生活！

人物独白：

　　（敲锣鼓）比打麻将强得多，弄那个，不但要花时间，还要花钱，把钱折进去了就回不来了。

　　今年，我们想把秧歌队好好弄一下，添置一些家当，衣服得统一，坏了的乐器得换新的。

16

"最炫广场舞"的一员
范会贤

范会贤，

曾经的一名主治医师，

如今是韩峪朱家口广场舞表演队的重要一员。

她们舞姿轻盈，

既愉悦了自己，也愉悦了他人，

成为韩峪街道一道亮丽的

风景线。

当我们提出把她们跳广场舞的事写出来时，

范会贤十分惊讶，

觉得她们只是做了一件小事。

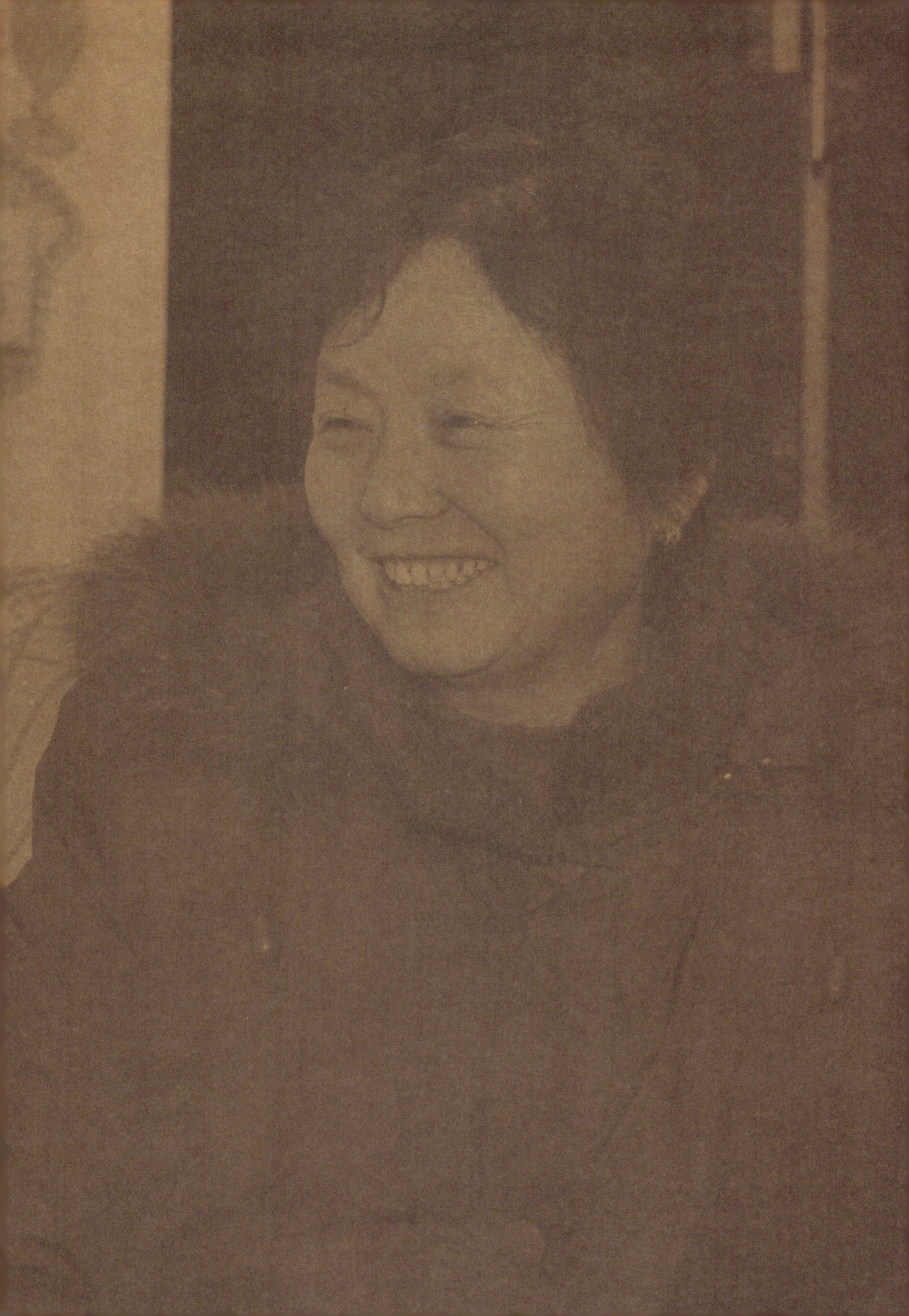

热情地舞起来

"舞者" 范会贤

近年来，广场舞在好多地方盛行起来。这种舞由群众自发组织，不受场地、舞种的限制，简单易学，有利身心，集娱乐、健身于一体。广场舞进入大众的生活，使人们的生活多了一抹亮色。

临潼度假区的大唐华清城开放不久，好多广场舞爱好者便欣喜"入驻"，在广场上翩翩起舞，引得人们纷纷驻足。

在韩峪朱家口，也有一支由广场舞爱好者组成的队伍。如今，她们已经发展到三十多名成员。

年末的临潼，轻盈的雪花扬扬飘洒，有如"柳絮因风起"，使得骊山银装素裹。我们顶风冒雪，去拜访韩峪广场舞爱好者中的重要一员——范会贤。

由于是冬季，没有什么事要做，而且外面正下着雪，天寒地冻，人们都宁愿待在家里。此刻，范会贤也没有外出，而是待在队友家里，和队友一起对着视频影像练习广场舞。

只见她穿着时尚，短短的头发烫出小卷，看上去只有五十出头的样子，但实际上已经五十九岁了。

和她聊起来，感觉她虽然生在农村、长在农村，又工作在农村，却又不是完完全全的农村人，而算是见过世面、有本事的人。

她在韩峪卫生院当了好多年主治医师，几年前退休，又被医院返聘。但由于自己身体不太好，又要照顾家里老人，终于在2013年5月彻底退了下来。

现在，她在家里除了给老人做饭、做做家务，就是看电视。面对突然到来的悠闲生活，她反而感到有些无所适从。正好，村里的妇女们组织跳广场舞，也邀请她加入，她便欣然同意了。一来，可以从事自己从小就特别喜爱的文艺活动，让自己的生活更充实一些；二来，也可以锻炼身体，愉悦心情。

只见她穿着时尚，短短的头发烫出小卷，看上去只有五十出头的样子，但实际上已经五十九岁了。

与舞蹈队同行

范会贤中途加入舞蹈队跳舞，却从此"一发而不可收拾"，跳得越来越好，甚至后来居上，可以给队友一些指点了。她是怎么做到的？

原来，她从小就喜爱文艺，爱唱爱跳，早在当学生时，她就是校文艺队的骨干，唱秦腔、扭秧歌都是拿手好戏；参加工作后，虽然压力比较大，参与文艺活动的机会越来越少，可是她对文艺的热爱却丝毫不减。

现在，她终于有时间和精力去做自己喜欢的事了，正是得其所愿。"有钱难买我愿意"，她愿意将自己的热情倾注在广场舞上。早年打下的底子，使她很快就能跳得有模有样了。

同时，范会贤特别热心，这让她顺利地融入了舞蹈队。

当医生时，她就有一副热心肠，特别负责任。1973年，她当上了村里的卫生员，在注射室工作，不久，她就在医术和人品上受到了乡亲们的广泛赞誉，于是被村里推荐参加医师培训。1975年，她进入中医学院学习，成了一名真正的医生，后来又接受了多方面的培训，最终成为韩峪卫生院里唯一的一名主治医师。她说："那会儿要身兼数职，责任也大，但凭着一股子劲儿，也不怕吃苦，还是干好了。毕竟你面对的是活生生的人，不把一个病钻研透了，怎么敢去给人家开药、动手术呢？现在想想当医生的那段时间，不敢说自己是骨干，但绝对是能胜任的了，自己能问心无愧。"看来，她的热心、负责，成为保证她事业成功的核心要素。

进入舞蹈队以后，她同样热心，需要出力时，她从不推辞。在搜集舞蹈资料方面，她便发挥了很大作用。舞蹈队刚成立时，一切因陋就简，舞曲少、舞蹈少，成为困扰她们的一大难题。她们除了到处找碟片以外，想到了在网上搜索、下载。由于范会贤对电脑有一定的了解，在这一点上比其他人强一些，这个任务

大唐华清城的广场舞表演

就落到了她的头上。连她都没想到，当初当医生时，为了适应无纸化办公所学到的电脑知识，这会儿居然派上了用场。她当仁不让，不会的就让儿子教，学搜索，学下载，学文件格式转换……她从网上下载了不少广场舞视频，和队员们一起练，或者让一部分队员先学，学会了再教给其他人。有时，视频中的动作看不清，她们就在一起讨论，尝试动作，互相切磋，不一会儿就把动作学会了。

当然，她对这种学习方式的不足认识得很清楚："我们的动作都是从视频上学来的，肯定会有跳错、动作不到位的情况，这时候谁都可以给做错的人指出来。"范会贤有些舞蹈功底，所以有时候队友动作做得不太到位时，她就主动指导，把复杂的动作分解，手把手地教，具体到抬哪只手、提哪只脚。

当然，舞蹈队的成长，不只与跳舞有关。

刚开始那几个月，由于处于磨合期，队伍内部偶尔会有点小摩擦，但大家都虚心接受批评，以包容的心态共处，从而使得队伍里一直都和和气气的。其间，经过协调，场地问题也得到了解决，这就更让大家舒心了。

舞蹈队刚成立时，练舞的地点并不固定，有时在韩峪小学门口，有时在队友家里。考虑到不能影响家里老人休息，她们最终把地点放在了韩峪小学门口。那里地方平整、宽敞，而且到六点多，她们开始跳时，学生也都放学了，双方都不会受到影响。

其实，场地要适合并不只是宽敞平坦就可以，至少还牵扯到了供电问题。没有电，音响就放不了，也无法提供照明。夏天还好，六点多的时候，天还亮着，可秋冬季就不行了，那时天已快黑了。这时，队伍里一位妇女提出，她可以为舞蹈队提供"友情赞助"，解决用电问题。她家的餐馆就开在学校对面，需要用电时，一个插座就可以把电引过来。就这样，音响、照明问题得到完满解决。

后来，为了让队伍看上去更整齐、更正规一些，她们又决定买统一的服装。农历九月，天气慢慢凉了，她们还凑钱买了毛衣、手套，送给餐馆老板夫妇一人一套，表示感谢。

范会贤的舞姿

广场舞带来的变化

由于舞蹈队的成员大多是中老年妇女，也有年轻女性，她们白天要干活、带孩子，于是，就把跳舞的时间安排在了晚上。每天傍晚，只要天气不错，她们便会不约而同地来到位于韩峪小学门口的"舞场"。如今，每到华灯初上时，优美的旋律一响起，韩峪街道便出现了一道亮丽的风景线。

她们在场中热情洋溢地舞动，引得村里的大人、小孩围在一边，兴致勃勃地观看。特别是夏天的时候，人就更多了。大家看得多了，对跳舞的兴趣也被慢慢勾了起来，纷纷随着她们跳，连村里一些老人都开始加入进来，邻村也有人慕名前来参加。

说到对孩子们的影响，范会贤满是欣喜。她赞叹地说，天暖和的时候，孩子相当多。音乐一响，做完作业的孩子们便都围了过来。十岁左右的孩子，天性好奇、接受能力强，常常主动下场跳舞。有时候，她们照着视频还没学会，孩子却早已经会跳了。

自从爱好者们跳起广场舞，整个村子就多了几分活力、几分艺术气息。随着广场舞的音乐一天天地响起、妇女们一次次地舞动，本地人的生活也在悄悄地发生着变化。广场舞的成员们已成为美的制造者、传播者，她们在愉悦自己的同时，也愉悦了他人，并为这里的孩子提供了一个接触艺术的新途径，免费为他们进行"艺术启蒙"。所以，人们对这些广场舞爱好者们很认可。

广场舞的成员们已成为美的制造者、传播者，她们在愉悦自己的同时，也愉悦了他人，并为这里的孩子提供了一个接触艺术的新途径，免费为他们进行"艺术启蒙"。

小峪沟风光

一位舞蹈队员的丈夫专门找到范会贤，对她表示支持："这是个好事情！现在村子里打牌、打麻将的少了，斗嘴吵架的也少了。跳舞既促进了邻里关系，又锻炼了身体，我举双手赞成！"

这让妇女们感到，自己做了一件有意义的事。范会贤也对此深有体会："跳了广场舞后，我感觉自己走路都特别轻松。以前我总感冒，自从爱上了跳舞，我精神更足了，人也显得年轻了。"谚云"运动使人健康，快乐使人年轻"，信哉斯言！

也许，正因为有了大家的认同，她们的广场舞跳得越来越好，以至于有人请她们进行表演。

在韩峪一带有个传统：若是家里有红白喜事，一般都请表演队伍助兴。这种表演属义务性质，不收一分钱。在市场经济大潮滚滚而来的今天，韩峪的这种民间互助行为体现了骊山北麓一带淳朴的民风，颇有几分"衣冠简朴古风存"的意韵。

从前，大家一般请的是秧歌锣鼓队、秦腔自乐班，现在，她们这支广场舞表演队也成为受邀请的对象，并且颇受欢迎，有时宾客们也会参与其中，跟着跳起来。

能在众人面前展示自己，大家心里不由得产生了巨大的成就感："现在生活好了，咱给人家表演不是为了挣钱，就图个高兴。再说，这也是个展示自己的平台、传播运动锻炼的机会，能把广场舞这种娱乐形式传播出去就行！"

说起这些，范会贤的脸上泛出几分自豪与自信。

广场舞练习

现场表演

本来，听范会贤说了这么多，大家都迫不及待地要欣赏她们优美的舞姿，但在这风雪交加的天气里，只能失望而归了。终于，几天后的一个下午，在韩峪小学外面，伴着熟悉的旋律，范会贤和队友们抖擞精神，在镜头前舞动起来。

首次面对镜头，她们的动作稍显僵硬，不过，她们的热情与活力却感染了在场的每一个人。摄影师为了拍到她们最真实、最生动的一面，不断地和她们交流，创造轻松的环境，让她们更放松：

"不要太紧张，就当是平时训练。"

"视线要随着手的动作，有所变化。不能只是看天，或者看地。"

时间一点点过去，大家慢慢放开了，踏步、摆手、甩臂、踢脚、扭腰……动作越来越舒展，越来越洒脱。

眼前跃动的舞者，这些普普通通的农村妇女们，正追随自己的内心，舞动人生，展现出自己那绝不普通的一面。她们以自己质朴的笑脸、做惯了农活的双手，展现着骊山北麓的人文之美！

这些妇女自愿组织跳广场舞的做法，让人感受到了这里人们对美的主动追求、对普通生活的一种超越！

骊山，正以自己的方式接受着现代文明的洗礼，一种新的东西正从临潼这片古老的土地中产生！

人物独白：

现在我们舞蹈队有三十多名队员，大家也都不图什么，就为了锻炼身体、开心开心。刚开始跳舞的时候，不论是我还是新来的队员都出过许多洋相，跟不上节奏、踩不准舞步，可是大家都愿意互相帮助，也都愿意努力学习，慢慢地便能跳得很顺畅了，整齐的舞步一摆出来，那可真是好看！

不上班以后心情一直不咋好，家里的压力也大，要照顾一家老小的生活，自己身体也不太好，可自从跳起了广场舞，我身体比之前好多了，干起活来都有劲了。舞蹈队里的大部分队员也都是抱着这样的心态，大家在一起跳跳舞、谝谝闲话、拉拉家常，心情就好得不得了。有的人家，婆媳一起跳舞，关系也更加好了。

17

出身农村的丹青妙手

孙静

孙静，

一位农民画家。

她 爱 好 广 泛 ，

最 终 爱 上 了 绘 画 ，

短短六年时间，

已有小成。

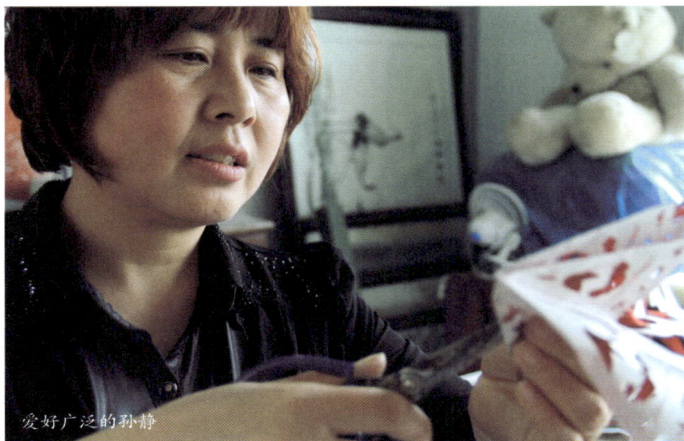
爱好广泛的孙静

农民画家孙静

孙静，一位五十岁的临潼农民，学画六年有余，她虽无名家大师的艺术范儿，却自有一种农家的质朴，给人一种可亲的感觉。

她的画作多次被区上和市上评为优秀。2011年，美协印制的挂历上面就有她的作品。此外，她画的一幅梅还被带到国外进行展出。2012年上半年，她的作品参加西安群众艺术馆举办的活动，还得了三等奖。就在前两天，老年书画协会办了一场展览，她也有一幅作品参展。同时，她还担任着临潼区老年书画协会副会长的职务。

见到她的这天，空中正簌簌落着细雪。

在她家的客厅，我们聊了起来。客厅设计得简约淡雅，南面是巨大的落地窗，东南角一张矮桌，四张藤椅环绕，散发着乡野之趣。

她谈起自己的过往，说她这辈子最遗憾的是没有上过大学，到现在都为这件事遗憾不已。不过，遗憾归遗憾，她却从来都没有消沉过。她到外面打拼，卖过小吃，开过照相馆，还摆过地摊，后来她"掌柜的"（关中方言中用来指丈夫）从部队复员回来，开了工厂，家庭条件得到改善。如今，儿女都已参加工作了，家里就只剩她和"掌柜的"，平时没什么事，她终于有时间尽情发展自己的爱好了。

她的爱好十分广泛，早上打太极拳、跑步，晚上去广场跳舞，平时喜欢剪纸和养花种草。她也喜欢唱歌，这是在老年大学学的。

不过，接触绘画后，她才算是找到了人生最大的乐趣。

偶触丹青成妙手

孙静从小就喜欢画画，但一直没有机会正式学。没想到，一次偶然的机会使她接触到绘画，并从此与丹青结缘。

虽然过去了很多年，孙静对当时的情形仍然记忆犹新。2006年的一天，她去村里广场上打太极拳，听一位六十多岁的老人说老年大学办了绘画班，要去学一下，还约她一起去。她当时很犹豫："都老了，还学啥画呢？"幸好，她经不住劝说，再加上好奇与心底对绘画的爱好，最终还是跟着去了。

平时喜欢剪纸和养花种草。她也喜欢唱歌，这是在老年大学学的。

因为没有绘画基础，她当时什么也不懂，第一节课几乎什么也没听明白，不过因为已经买好了颜料、纸和笔，就想着把颜料用完就不去了。结果上了六节课之后，竟然把一幅画画出来了，这下可把她高兴坏了，横看竖看，还把那幅画裱了起来。不过，现在再回头去看，就觉得那画简直是"惨不忍睹"了。

迈出了第一步之后，孙静对绘画真正上了心，就算旁人说啥也不能动摇她的决心。她也特别能吃苦，一天到晚就琢磨着构图呀、色彩呀，夜里一直能画到两三点。就算是现在，如果说第二天需要画，她头一天晚上，拼着不睡觉，也要把画画出来。有时看着她这样，丈夫便开玩笑说："你上学那会儿要有这劲头，早都考上大学了！"说到这里，她不由得笑了起来。

在众多的绘画形式中，孙静最为倾心国画，主攻方向是写意花鸟，牡丹、梅花、菊花、竹子等花卉以及各种鸟类，都可入画。刚进她家的时候，她展示了一幅画，画的

孙静的作品

迈出了第一步之后，孙静对绘画真正上了心，就算旁人说啥也不能动摇她的决心。

画画是孙静的一种享受

是临潼特产火晶柿子和石榴。

刚开始画牡丹，她总要对着书看，看别人怎么画，然后再去广场上观察，回来后才动手画。现在，她仍经常出去写生，因为这是基础，对此，她深有体会：没有深厚的积累就画不好。骊山好多地方孙静都去过，比较有名的牡丹沟[15]、洪庆沟[16]，她去了不少次，就为了观察牡丹。

谈及这些经历，孙静感慨地说："做任何事，都要投入，都要注重积累，不能想着一步登天。""水之积也不厚，则其负大舟也无力"，诚哉斯言！

孙静正在作画

"奢侈"的画室

位于家里五楼的画室，是孙静梦想起飞的地方，她几乎所有的作品都是在那里画出来的。在通往画室的楼道、楼梯口，挂满了她的作品。看着那华贵的牡丹、怒放的菊花，浓郁的艺术气息扑面而来。

她有一大一小两间画室，总面积约有四五十平方米。小画室的正中摆着一张大大的画案，靠墙立着一个大柜子。画案上、柜子里，堆着一卷卷宣纸，看得出，都是已经用过的，墨迹隐隐，让人仿佛置身于宣纸的海洋，也感受到她的勤奋！

在一叠叠宣纸之间，挤着毛笔、笔架、笔洗、颜料；画案正中，还摆着一幅画了一半的长卷，画面上是梅花、荷花、菊花，以鸽子贯穿全画。

大画室的南面开了大大的窗子，即使在今天这个落雪的天气里，屋内也很亮堂。这是她为了画画而专门请人用彩钢板搭建起来的。

孙静说，只要是天气好的时候，就在这里面画画。房子中间偏东处，摆了一张大大的画案，即使再加上画案西边和南边一溜花草，空间仍很足。当然，由于她把大量时间花在绘画上，摊在其他爱好上的时间相应地就少了。虽然画案旁摆着许多名贵花卉，她却由于"移情别恋"而无心去照管了。她笑着说，自己对养花也心热了好长一段时间，之前养得还挺好。

房子里面摆着不少小物件，与墙上数幅画作气息完美相融。这些画一字排开，足足占了两个墙面，题材有牡丹，有菊花，都是争奇斗艳、婉约流畅，着实有几分气韵，极为传神。

画案上一幅字引起了大家的兴趣，孙静却连连说"我书法不行"。她说自己在书法上下的功夫少，远远不如在画画上花的时间多。不过"书画同源"，所以孙静现在也

不过「书画同源」，所以孙静现在也开始练书法了，书法练好了，对画画也有帮助。

孙静的书法作品

开始练书法了，书法练好了，对画画也有帮助。有时候是临摹字帖，有时候是临摹老师写的字。她现在写的这幅字，就是临摹老师的。

就在这"奢侈"的画室里，孙静用手中的笔打通了梦想与现实的界限。

梦想照亮现实

孙静是地地道道的农村人，却不像一个农民。

她说她从高中毕业后就一直在外面找事情做，心里老是憋着一股劲儿，她是有梦想的人，一个人有梦想，生活就不会枯燥。也许梦想不一定能实现，但是因为梦想而产生的动力不会消失，它一定会在一个不可预料的地方创造出奇迹。是啊，谁又能想到开饭馆做会计摆地摊的孙静，在快五十的时候又焕发青春了呢？

现在，她的生活比较清闲，但也很充实，早上去打太极拳、跑步，回来了就画画。虽然自己的作品受到了不少人的肯定，但她还是觉得自己要学的东西很多。现在，他们这些爱好者基本上不去老年大学那边听课了，而是请了西安美院一位有名的教授来给他们上课，一个星期或者一个月来一次。他们自己也经常聚在一起，互相交流。为了提高画技，她还去了一趟云南，和高手交流。看得出，孙静已经把画画当成正事了。从这个角度看，孙静的梦想算是实现了。

她说自己画画纯粹是因为喜欢，平时生活中也会有不开心的事，一旦拿起画笔，就全都忘了。

正聊着，电话来了，有画友约她一起去参加一个朋友女儿的婚礼。她介绍说，除了礼金，他们每人还得再送一幅画，画幅大小随意，一般是四尺，大的有六尺的。对于自己的画能值多少钱，她并不在意，主要是自己爱画画，她把好多画都送给了亲戚朋友。甚至，她还和几个画友合作创作了一幅长卷，作为给别人

骊岫飞泉

蒹葭苍苍

的礼物。她是主笔，画了这幅画的大部分，其他部分由画友完成。

此外，这些书画爱好者经常会组织活动，除了一起去写生外，还常常参与一些公益活动。孙静参与公益活动的时间也挺长了，今年《西安晚报》发起了一个资助贫困学生的义卖活动，他们也都参加了，光她自己就交了三幅画。前两天，他们还去了一家敬老院，给那里的老人们画画、写字。看到老人们高兴，他们也高兴，觉得自己做了些有意义的事情，为自己能给别人带来一点快乐感到高兴。她说："明天早上，还要到一家敬老院去，做公益活动。"

她说，每一次去给别人画画、写字，都是自备笔墨纸砚，这事情不挣钱，反而要贴钱，要摊上时间。但是，很多时候，她都是不由自主地想去。虽然自己的力量不是很大，但是帮人的事，能多帮就多帮一点。

说到这些，她的脸上满是笑容，带着一种满足感，仿佛有一种别样的光彩。对她来说，画画是一种享受，若是在自己享受的同时，还能帮助一下他人，那就更好了。从她身上，我们看到一种很多人毕生追求而不可得的境界。

　　如果让我重新选择，我会选择上大学，这是我一辈子圆不了的一个梦。我当初要求两个娃就是这样，必须上大学，娃也算争气，两个都上了大学，算是圆了我未如愿的大学梦。

　　也许正因为这个遗憾，才让我在所有的事情上都试图做到最好，证明自己的能力。

　　人要是能找到一个自己能全身心投入的事也算是很幸运的了。我也快五十岁了，我知道自己画的画还有很多缺陷和不足，但这是我人生的一个乐趣，我会坚持下去的。

⑮
牡丹沟

　　骊山老君殿西凤凰坡下，从饮鹿槽向西，即是一条深沟大壑，当地人叫它"牡丹沟"。沟中有泉，名曰"美泉"。据说，用这股美泉浇灌的牡丹，花色特别娇艳。唐玄宗喜欢牡丹，在骊山大修华清宫后，曾在牡丹沟开辟牡丹园，宫旁"植花万本"，由当时精通园艺的花师宋单父培植。以后，随着华清宫、骊山的渐趋寥落，牡丹也逐渐衰败。但"牡丹沟"之名仍延续至今。

　　在临潼民间有这样一个传说：则天女皇在一个大雪纷飞的日子饮酒作诗，乘酒兴醉笔写下诏书："明朝游上苑，火急报春知。花须连夜发，莫待晓风吹。"百花慑于君威，一夜之间，违时而绽，唯有牡丹不肯屈从。女皇怒，遂将宫中牡丹烧死，并将其残根焦枝贬往洛阳。途经长安郊外的骊山脚下时，因道路崎岖，不少残根焦枝散落于此。

　　一天，一名叫牡丹的女子路过此处，对牡丹花的遭际满是同情、敬佩，遂将残根焦枝带回，本想埋在自家的院子里，但又恐引来不测。一番考虑后，她深入骊山，来到一个山谷，也就是现在的牡丹沟一带，将残根焦枝埋入。不想这些残根焦枝生命力如此顽强，竟在来年春天破土而出，牡丹花满谷盛开，这样才使长安的牡丹花免遭灭顶之灾。女子死后受封为"牡丹仙子"，掌管人间牡丹。

牡丹沟大门

⓰
洪庆沟

坐落于西安临潼区和灞桥区的山区为"百花岭"，当地人称"洪庆山"。洪庆山北侧的一条沟，即洪庆沟。

对于"洪庆"之名的由来，洪庆沟村的郑风岐老人说了两种可能。

其一，与水质有关。这条从骊山西麓流出的小河，自东而西，穿村而过，是当地村民的生命源泉，但过去也经常发洪水，危害不小。由于洪庆山是沙土山，河水含沙量大，需静置沉淀后才可饮用。洪水的"洪"再加上"清"这个字的方言音，就是洪庆地名的由来。

其二，与"焚书坑儒"有关。此地为"焚书坑儒"之所。有关史书介绍，唐代立旌儒祠时，所在沟道即称为"横坑"，至明代，演化为"洪坑"，关中方言里，"坑"也念作"qīng"。因"洪坑"一名俗而不雅，后来逐渐演变成"洪庆"了。

虽然"洪庆"之名的确切由来已成为不可考的过去，洪庆人生活的巨大变化，却是实实在在发生在眼前：洪庆河上建了水库，洪水被根治，成为一条财富河。

洪庆河、山中水库，都是钓鱼爱好者的乐园。同时，洪庆山内公路两旁，槐树成林。每年5、6月份，槐花盛开，从西安灞桥区进入洪庆山，仿佛进入一条鲜花走廊，树上开着槐花，地上铺着槐花，空中飘着槐花，花香醉人。于是，游客纷至，或家人同行，或亲朋结伴，游览观光，采摘槐花，做成关中俗称的"槐花麦饭"。

依此便利，这里几乎家家办起"农家乐"。一座座院落里，因地制宜，有的搭起凉篷，有的因树设椅，供游人观山览景、吃喝休憩。典型的关中农家饭更是干净爽利、可口怡人。若真是流连忘返，则宅内还有客房可供留宿。

由于盛况空前，这里形成了远近闻名的旅游佳地。

美丽的洪庆沟

田野中的坑儒遗址碑

洪庆沟旁的农家乐

18

骊山下的"大记者"
杨金星

杨金星，

一位热爱新闻事业的农民，

他的经历，他的作品，

都体现着农民的淳朴。

在记者之路上，

他面对不解，面对困难，

披荆斩棘，奋力前行，

收获着

自己的人生快乐。

他近一米六的个子，脊背微驼，短短的花白头发，下颌上一撮花白胡须，黑瘦的脸上满是岁月留下的痕迹，但整个人很有精神。

杨金星的天地

"大记者" 杨金星

家住韩峪朱家口、今年六十多岁的农民杨金星，被当地人称为"大记者"。几十年来，他在《陕西农民报》《西北民兵》《解放军报》，甚至《人民日报》上都发表过文章。

一个农村人，没有专职记者的工作条件，反而承受着更多的压力。是什么促使他走上记者之路？对于自己的记者生涯，他有着怎样的感受？

初冬的骊山，空气清冷。汽车沿着凤凰大道一路疾驰，与金刚寺[17]擦肩而过，正午时分，我们来到了杨金星的家。

进入大门，穿过过道，进入小小的院子，向着堂屋高声问询："杨金星在吗？"一位老人应声出来，他就是杨金星，近一米六的个子，脊背微驼，短短的花白头发，下颌上一撮花白胡须，黑瘦的脸上满是岁月留下的痕迹，但整个人很有精神，看起来五十出头，实际上已六十多了。

与往常一样，每当有人对他的记者生涯感兴趣时，他便会展示自己珍藏的"宝贝"——几大本剪报。这里面全是他的作品和介绍他的文章，这些剪报，有些早已泛黄，有些已字迹模糊。翻着剪报，他粗糙的双手分明有一丝颤抖。

是啊，这大大小小的稿件都浸透着他的心血，几乎每一篇的背后都有着令他难忘的经历，是他大半个人生的最好注脚。他通过自己的努力，为人们提供了一个新的视角，来观察、审视我们的农村。

在"收获"这一篇篇文章的过程中，他摸索出了许多门道：做记者一定要多看多听，脑子要灵活，要有新闻鼻子和判断力，这样写出的稿子才能警示人、教育人。

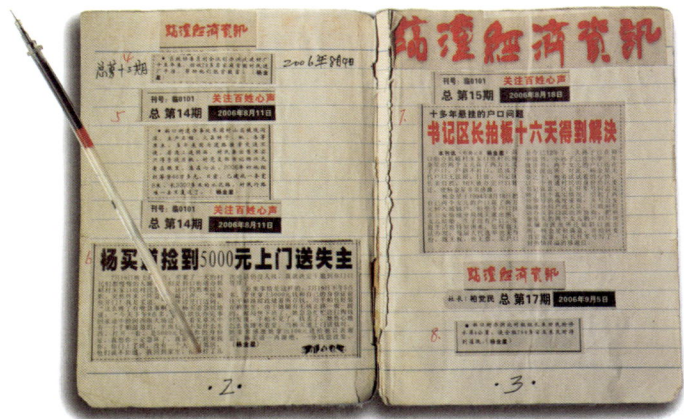

杨金星作品剪报

写作生涯的第一缕光

杨金星1946年出生于临潼韩峪一个普通农民家庭，他非常喜欢念书，后来因为家里穷，只上到初中就不得不辍学回家了。

不过幸运的是，他上小学时，遇到了两位好老师——他的班主任和辅导员。在两位老师的鼓励下，他开始了"爬格子"的生活，并经常和老师探讨，从他们那儿获得了许多指导，为他最终走上新闻报道之路打下基础。

杨金星记得很清楚，他的第一篇作品发表于1958年，那年他十三岁。当时，人们的思想还比较保守，男女同学之间不敢说话，就是站队也离得远远的，不敢坐在一起，更不用说在一起玩耍了。谁要是和异性有接触，别的小孩就会说："那是找媳妇呢！"就这一现象，他写了一篇《我是如何消除男女同学之间的隔阂的》。经辅导员推荐，文章最终刊登在团中央主办的《中国少年报》和《辅导员》杂志上，在全国引起了较大反响，这给了他莫大鼓舞。可以说，这是他写作生涯中的第一缕光。这缕光，指引着他追寻梦想，开始一生的事业。

可惜，美梦总是短暂的——他辍学了。

在此后的岁月里，杨金星总是回忆起那段短暂而甜蜜的求学时光。平时，他和别人一样，面朝黄土背朝天。不一样的是，即使在干农活时，他也没有放弃思考。每当心有所得，他就记下来。可以说，是骨子里的潜质，使记者之梦闯入他的生活，并一生痴迷。

杨金星家丰收的玉米

一个农村娃，还想干啥？

没想到，梦想之灯刚刚亮起的时候，杨金星迎来的并不是鼓励和赞赏，而是阵阵冷风："一个农村娃，不好好务农，却想当记者，写新闻报道？""癞蛤蟆想吃天鹅肉！""农民连自己的老祖先都忘了！"……

面对外人的看法，杨金星不为所动，甚至根本就不在意。他没觉得自己有什么不对，喜欢就是喜欢，还不让自己有个爱好了？再说，又碍着旁人什么事！但亲朋好友，尤其是家人的不理解，就让他头疼了。

特别是父亲强烈反对：一个小伙子，不好好劳动、给家里出一份力，净干些出力不讨好的闲事，能有啥出息？所以，一直不支持他写新闻报道。有多少次，在他点着煤油灯写稿时，父亲都生气地过去把灯吹灭了——一个并不富裕的家庭，多点一会儿灯，就意味着要多掏一些煤油钱。

得不到家人支持的杨金星苦闷不已。好几个夜晚，油灯被吹灭了，他就在黑暗中枯坐到天明。他用这种方式来表明自己对新闻报道的执着。后来，他到斜口供销社做营业员，工作之余，仍然把热情投注在新闻报道上。坚持的时间长了，父亲看他确实喜欢写作，走的也是正路，还真的学到了不少东西，就慢慢转变了看法。

当然，在他追梦的路上，也有很多人给予支持。别人不经意的一句鼓励、一个小小的帮助，都成为他追梦的强大动力。他说，那时写稿子没有稿纸，他就把废信封收集起来，拆开当稿纸用。后来有熟人送给他一叠稿纸，可把他高兴坏了，摸着这沓沉甸甸的稿纸，他激动得直想哭。

坚持了几年后，杨金星终于有了一个尽情发展自己爱好的空间——他参军了，在天津塘沽的部队服役。在军队这座火热的熔炉里，他的写作能力得到了极大锻炼，开始在通讯报道方面崭露头角。

在部队的一千多个日日夜夜，既强健了他的身体，又磨炼了他的精神，还提升了他的采访、写作水平。这些，都成为他宝贵的人生财富，使他在记者之路上走得更长、更远。

好几个夜晚，油灯被吹灭了，他就在黑暗中枯坐到天明。他用这种方式来表明自己对新闻报道的执着。

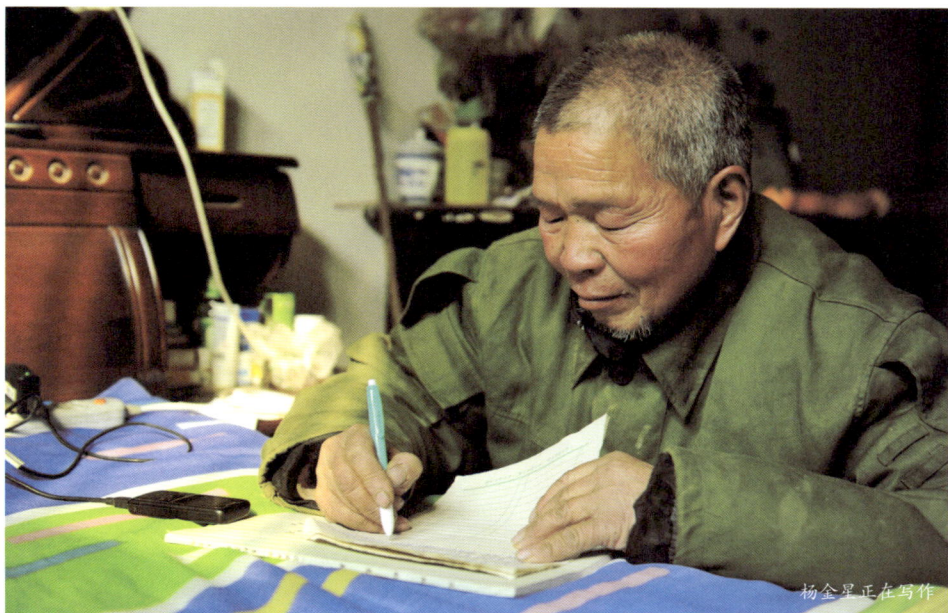

杨金星正在写作

因为热爱，所以坚持

做记者，想想容易，做起来却很难。对此，一位资深媒体人深有感触："对一个职业记者来说，从事新闻报道都不容易，对一个业余记者来说更是这样，一是采访不容易，二是会得罪人。你说好的，大家可能高兴；你说不好的，谁都不高兴。说好的维持不了几个人，说不好的会得罪一片人。"

刚刚从部队复员回到家，杨金星就做了一件"得罪人"的事。

当时，他看到本地生产大队春耕无人管、青年民兵打架斗殴的情况，便写文章披露，由《陕西日报》以"读者来信"的形式发了头版头条。没想到，一石激起千层浪，给他的家庭带来不小的影响。

这件事虽然过去了很多年，但是直到今天，杨金星那会惹事的笔杆子还是让家人心有余悸。他则表示，"砍头只当风吹帽"，自己过去写，现在写，将来只要有歪风邪气还是要写。

他是这样说的，也是这样做的。几十年来，他经历了风风雨雨，换过很多职业，但不论是在韩峪和洞北医疗站期间，还是做回农民以后，他都坚持写农民和农村，写乡村变化，表扬好人好事、针砭不良现象。

不难想象，坚持写新闻报道，就意味着他从此走上了一条布满荆棘的艰难道路。当年，农村的活比较苦，而他要养三个孩子，只能用业余时间进行采访、撰稿，同时，做这些不赚钱甚至还要贴钱。于是，如何在维持生计与发展爱好之间取得平衡，成为考验他的一道难题。

为此，他绞尽脑汁地想办法。没想到，他还真的找到了一个办法——做小生意。这么做，一方面可以积攒采访费用，同时也能贴补家用；另一方面，也为自己获取新闻

这些年下来，他的双脚踏遍了临潼区的斜口、西泉、行者、秦陵、骊山等地，搜集了大量新闻线索，采访了大量人物，零散的感受变成了通讯稿，变成了各种刊物上的铅字。

杨金星与同事的合影

与村民攀谈了解最近发生的新闻

线索提供了方便。

从此，在农耕之余，他便走村串巷卖冷饮、香烟等小商品。这一干，就是近三十年，直到这两年跑不动了，他才结束了这个坚持了半辈子的生意。对此，人们不无调侃地说，杨金星是在做新闻报道的同时，顺便做了一点小生意。

做小生意，就意味着要风里来、雨里去，但这对早已习惯了吃苦的杨金星来说算不了什么，为了自己的新闻事业，他可以无怨无悔地付出。有一次，他甚至步行近二十公里山路进行采访，饿了就吃点冷馍，渴了就向农户讨口水。

这些年下来，他的双脚踏遍了临潼区的斜口、西泉、行者、秦陵、骊山等地，搜集了大量新闻线索，采访了大量人物，零散的感受变成了通讯稿，变成了各种刊物上的铅字，这给了他旁人可能无法体会的幸福。而这种幸福，则成为帮助他战胜孤独的强心剂。他也曾无数次地想要放弃写作，但最终，对新闻报道的热爱让他无法割舍。

有人曾问他：写作有很多种，写诗、写散文、写小说，都是跟文字打交道，你为什么不考虑写其他东西呢？他笑着说："我也写了不少评论，还有其他种类的文章，但我最爱的还是写新闻。"

是啊，"一个人获得成功的前提条件是他对自己事业的兴趣"，也唯有热爱才能点燃一个人的潜能。正如人们热爱自由，所以去奋斗；热爱和平，所以去追求。

直到今天，他的这种热情也不曾减弱，有空就到处转转，与人聊一聊，发现合适的新闻线索，就探究下去。

杨金星的幸福生活

杨金星有一子两女。如今，女儿已出嫁，儿子也已结婚了。应该说，他可以歇一歇，享受天伦之乐了，他却不想让自己闲下来，又开始在邻村的制砖厂上班，有空还跑新闻。就在最近，他还接受委托，写本村的村史，他把这

杨金星与老伴当年的结婚照

杨金星与老伴合影

事当成一件大事来做。只要一有时间，他就采访当地人、查找资料。

与杨金星风雨同舟几十年的老伴，也已六十多岁了。她在治跌打扭伤上很有一手。只要有人来找，她都会热心诊治，分文不取。对杨金星写新闻报道，她有自己的看法：不反对做记者，但不要写得罪人的文章。因为，"你说好的不一定能让人记住，但说坏的，就有可能被别人记恨一辈子"。

当我们提出要给他们老两口拍照时，老太太表现出了可爱的一面。她嘴里连连阻止："不敢照！难看得很……"却又转身穿上自己过节时才穿的大红小袄，系上纱巾。可见她还是很想和老伴照张合影的。

后门外，两位老人一人坐着一张小凳子，虽然他们的衣服赶不上潮流，但沐浴着冬日暖阳，配上旁边叶已落尽的杨树、面前大片碧绿的麦田，一切是那么完美。看到他们离得挺远，大家便在一边起哄："靠近点，靠近点……"

老太太笑着说："我才不跟他离那么近。走到街上，人家都让我离得远远的！"嘴里这么说着，她还是把凳子稍稍挪近了一点。

他们稍显拘谨地坐在那里，虽没有年轻人那样的亲密动作，却用一种无声的默契，表明几十年来的相濡以沫，就如同新闻报道早已成为杨金星和家人生活的一部分。

——这也叫作无悔的人生。

杨金星选择了一条充满荆棘的新闻写作之路，却以乐观心态看待世事变幻。在这条路上，他从少年走到了老年，蓦然回首，已是半个世纪过去了，所有的辛酸和幸福都已成为他生命的底色。

补记：

2014年10月，这位勤劳、乐观、热情的"农民记者"，这位用手中的笔叙写临潼乡村的老人，因病去世，令人不胜悲伤……

做新闻就是要一个热爱，有了热爱才能把事情做好。自己这一辈子干的事情，虽然不是惊天动地，但是很有价值。

不让我干啥都行，不让我出去找新闻绝对不行，一天闲到家里心里跟猫抓一样，跑出去心情就不一样，要是找个好线索那就更高兴了。

现在周围十里八乡的人都知道我了，在我们临潼这一带也有些名气了，有些新闻线索还直接送到我手里，比以前"老虎吃天，没处下嘴"强太多了，现在光是手里的线索都跑不过来。

⑰ 金刚寺

　　金刚寺在骊山西北距临潼约2.5公里处姜沟东岸的芷阳村西沟组，占地面积约4500多平方米，有主殿一座、房屋八间、古窑洞五间。寺院虽小，但小巧玲珑，布局得体，梵音阵阵，香烟缭绕，是一个难得的清净去处。

　　金刚寺始建于北魏，原名"圆觉寺"，历北周而至隋。隋末，李渊从山西太原来长安议事时，安置家眷于此。

　　唐王朝建立，定都长安，高祖皇帝认为圆觉寺是自己成就伟业的福地，遂重金供养。太宗登基后，以皇家礼制重修此寺，并亲书匾额赐名"承福寺"。当时，高僧云集，香火旺盛，高僧善导曾在此讲经说法。武周时期，虽受到冷落，却仍是重要佛教道场，香火不断。玄宗时恢复初唐气象。不料"安史之乱"造成承福寺的劫难，此后一直未复旧观。唐会昌二年（842年）十月，武宗灭佛，承福寺就此衰落，只有当地村民时时礼敬。

　　相传，此地有三条长约1.7米、直径五六厘米的大白蛇保护寺院。

　　而在当地村民口中，关中八景之一"骊山晚照"也与金刚寺有关。话说李渊妻窦夫人在金刚寺生李世民时，污血流到了一块青石上，将之染红。一日，太阳落山后，窦夫人面对院中的湿尿布发愁。佛祖慈悲，暗中相助。只见太阳回光返照，一束红光穿过尿布，罩住骊山，形成"骊山晚照"。寺庙正殿左侧一块红色大石即为传说中的石块。当然，这只是一个美丽的传说故事，实际上，这里并非李世民的出生地。

　　寺院所在地姜沟西村多双胞胎。对此，当地流传两种说法：一说认为这和该村饮用的井水有关；另一说则认为，这是唐王李世民诞生于此，村民常烧香拜佛，得太宗庇佑之故。

骊山晚照意象

守望明天的留守儿童
王冠雄

王冠雄

没有一般留守儿童的拘谨，

但在心底，他也渴望与父母待在一起。

他爱读书，有想法，上进。

"我要好好学习，跟我姑一样也要考上好大学。

我喜欢数学，

长大后想做

天文学家。"

和爷爷奶奶在一起

帮爷爷干活

和爷爷奶奶一起住的"雄雄"

骊山脚下洞北村十一岁的王冠雄，小名"雄雄"，他还有一个弟弟王哲永，三岁，正上幼儿园。自从父母外出打工后，他和弟弟便由今年已六十四岁的爷爷王孟学和六十二岁的奶奶岳翠兰拉扯。他们属于"留守儿童"。

所谓"留守儿童"，是指父母双方或一方外出到城市打工，而自己留在农村生活的孩子们。他们一般与自己的父亲或母亲中的一人，或者与上辈亲人，甚至父母亲的其他亲戚、朋友一起生活。

很早以前，王冠雄的父亲在他们家附近的砖厂上班，做送砖的活儿，不过这活儿太累，收益也不太好。所以王冠雄的父母就和村里很多年轻人一样，把孩子留给家里的老人，到外面打工去了，当时王冠雄只有五个月大。母亲在纺织城打工，父亲在附近的砖厂上班。几年后，父母在灞桥的洪庆街道上开了家面馆，如今已经营了两三年。

由于西安离家里比较近，王冠雄的父母有时会回来，

他不太喜欢出去玩，觉得和那些小孩在一起疯没意思，"没事了，就帮奶奶干活，能干多少是多少"。

王冠雄自己也有机会去西安看他们。从一定程度上讲，他并非标准意义上的"留守儿童"，这是他和弟弟比较幸运的一点。

为了进一步了解王冠雄的学习、生活，我们特意去寻找他。车子驶过韩峪那棵著名的老皂角树⑱，没多久，便来到了王冠雄家。此刻，他正和爷爷、奶奶、弟弟一起围着桌子吃晚饭，桌上摆着关中农村的家常饭——两样素菜、锅盔和稀饭，气氛很温馨。看到来人，王冠雄和爷爷奶奶起身相迎，他的弟弟王哲永则睁着两只大眼睛望着，一脸好奇。

今年，王冠雄刚刚升上了初中，之前在韩峪小学上学。六年的小学时光，他都是在离家只有几百米的韩峪小学度过的，等他放了学，玩耍着回到家，奶奶早已做好了饭。现在，初中学校离家远了一些，不过还是在附近的村子里。每天傍晚六点多，爷爷会骑着电动车接他回家。

刚和王冠雄一聊，就发现他热情活泼，言谈举止像个小大人，并不时冒出几句惊人之语。经过一段时间的接触，我们终于发现了他的孩子天性：爱看电视，特别爱看动画片，一看就放不下。虽然爷爷经常对他说一直看对眼睛不好，可他还是要看。

当然，王冠雄平时还是很听爷爷奶奶的话的，也很有孝心。他说他不太喜欢出去玩，觉得和那些小孩在一起疯没意思，"没事了，就帮奶奶干活，能干多少是多少"。多年来，家里的农活都是由爷爷奶奶做。幸好，二老身体还算硬朗，特别是他的奶奶，身体更好一些，所以家里的琐事基本上全靠她操持，一天到晚不得闲。

这几年间，尽管奶奶上了年纪，可还是经常用电动车带着王冠雄和弟弟到灞桥洪庆街道，让他们和爸妈待一会儿。对于这种情形，王冠雄虽然没说什么，每次都很高兴，奶奶却觉得心疼："娃想他爸他妈了，我还能带得动，就带他俩去，虽然路上也操心，不过小心点儿还行，让娃们也高兴高兴。"

王冠雄是个小机灵鬼

得到各方的关爱

王冠雄才十一岁，本应是疯玩的年龄，他却喜欢学习、看书，还能就学习说出一套一套的想法来，其中很多想法都出人意料，不像他这么大的孩子所能说出来的。

也许，这与王家重视教育的传统分不开。爷爷早年上过中专，在过去算是文化人了，之后做了几十年村干部。他对儿女的教育很重视，下决心供他们念书。最终，王冠雄的两个姑姑学业有成，大姑大学毕业后在杨凌工作，小姑在长安区一所小学任教，而王冠雄的父亲却不愿意上学，这让老先生很无奈。

如今，王老先生又继续关注孙子的学业。王冠雄也没有让爷爷失望，他聪明好学，在学校老师眼里，一直是个品学兼优的好孩子。

小学三年级之前，他考试常常得双百，后来，语文考100分不太可能了，但也至少考到96分以上。五年级有一学期期中考试，他语文得了89分，数学是96分。回来后他说，如果不是因为自己没看清题把答案写错了，数学肯定可以得100分的。

随着王冠雄所学的课程越来越难，王老先生感到自己在很多方面没法给他辅导了。为了不耽误孙子的学习，他在街道对面的英语辅导班报了名，"一个月花个六七百元，给娃把英语补一补，英语要是学不好，以后考试升学啥的都要受影响呢"。

对于这种课，王冠雄还挺喜欢上的。"我要好好学习，跟我姑一样也要考上好大学。我喜欢数学，长大后想做天文学家。天文学家要有很好的数据处理能力以及很强的记忆能力呢！"从十一岁的小孩嘴里说出这样的话来，让人不得不感叹：这个王冠雄不一般！

他的进取心来源于何处？

王冠雄的书架

可以肯定，这不是由一种因素促成的，首先是王老先生的重视，还有他姑姑的榜样作用。王冠雄特别崇拜自己的大姑："我姑是上过大学的，她懂的东西可多了，我最愿意听她说话。我姑给我讲了好多好多我没听过的事情，都是她上学的时候学到的，所以我最佩服的是我姑，她说让我干啥我都愿意，好多书都是她买给我的。"

同时，优异的学习成绩让他尝到了甜头，更激发了他的学习热情。而说到这，则不得不提到他这两年遇到的"大事"了。

王冠雄遇到的"大事"

因为在学校表现一直非常优异，王冠雄得到一个到北京去的机会，体验那里小学生的生活。

他和北京的小学生在一起，感到他们的生活条件太好了，临潼这儿比不上；那里的小学生也懂很多东西，不像他们这儿的，啥事情也不知道。他的话里，透露出一个农村孩子对幸福生活的向往："去北京那些天，每一天都过得美得很，跟做梦一样。我感觉人家那样的学生才叫幸福呢，我很想像他们一样，在大大的学校里学习，有各种各样的机会，他们的机会比我们多多了，人家见识的也多。"

他把自己在北京度过的那几天都写进了日记里，慢慢回味。另外，他还收藏了叔叔阿姨们给他照的照片，没事了就从抽屉里拿出来看看。至今，那上面的每一个人他都记得。

另一件"大事"，就是去西安世园会采访了。

2011年西安举办世园会的时候，王冠雄被临潼区选拔为世园小记者。那几天

骊山北麓乡土人物志
Local Characters
in Lishan Northern Side

春到骊山

王冠雄和奶奶、姑姑一起出去旅游

他可是威风着呢，一个"小不点儿"，身穿记者服，脖子上挂着采访证件，到世园会进行采访，写了不少采访文章。回来后，他仍然很兴奋，一讲起在世园会上的见闻就滔滔不绝，给爷爷奶奶说，也给村里的孩子们说，俨然成了村里一个人物了。

直到今天，只要一提到世园会，他还是马上就来了精神，"我采访了一个志愿者和一个清洁工阿姨，就问他们为啥要当志愿者，做清洁工辛苦不辛苦"，并感叹采访时间太短了，自己好多问题都没来得及问。

他提到采访中的一个细节，一位志愿者姐姐送给他一条手链，他又转送给了那位清洁工阿姨，因为感觉她们挺辛苦的，他想用这种方式表达一下自己的敬意。从这个小小的细节中，可以看出他很能体谅人。

末了，他深有感触地总结道："这次参加世园会是我人生经历里最重大的事件了。和世园会做了一次近距离接触，见了对一个农村孩子来说天大的世面，这在我的人生里是一个非常重要的里程碑。"

就在那几天，父母听说了他到世园会上采访的事后，也高兴得不得了，带着他在西安玩了好几天。能和爸妈一起玩，还能参观世园会，真是让王冠雄心里美得没话说了。

羡慕父母在身边的小孩

王冠雄拿出了家庭影集，足足有七八本小相册！照片上的他，脸蛋肉嘟嘟的，表情丰富，摆出的动作也是别出心裁。这些照片，有平常在家时拍的，也有在外边游玩时拍的；有单人照，也有合影；有一本正经的，也有挤眉弄眼搞怪的。

他特意翻出自己2009年暑假跟奶奶、姑姑去青海玩的时候拍的照片。他说，姑姑很喜欢他，"大姑说只要我努力学习，以后有机会还带我去呢"。但让人感

小小的王冠雄和父母逛动物园

希望需要守护

到心里不是滋味的是，他和父母在一起的照片很少，其中有几张是父母带他去动物园时拍的，那时他还很小。

这些年中，父母偶尔回来一次，时间长一点的也就是过年这段时间了，但亲子之间感情交流的长期缺乏，不是这短短几天的相聚所能弥补的。问到他平时是否想爸爸妈妈时，他不假思索地回答："想啊，暑假我就去西安了，在面馆帮忙。"

在面馆里，看到父母每天都要忙活到半夜十一二点，他感到很心疼，就尽力帮他们做些事情，"我想帮爸爸妈妈端饭，但他们老怕我烫着，我就只好端个凉菜、送个啤酒啥的。真的很辛苦，但跟爸爸妈妈在一起，我心里还是很高兴"。想来父母见到他这么孝顺，肯定也很欣慰。不过，短暂的相聚真的是一眨眼就过去了。

王冠雄说，自己平常做题不会的时候就问爷爷，但有的爷爷也不会，自己也没有人可以问，所以还是羡慕那些能和爸妈在一起的小孩。说到这里，他的眼中有一丝黯然，不由得咬了下嘴唇。

不过，即使如此，相比于别的留守儿童，王冠雄已算是幸运的了——有不时能见面的父母，有关爱他的爷爷奶奶，有能作为榜样的姑姑，再加上他好学、懂事，在学校里也被老师同学喜爱着。

要让王冠雄这样的留守儿童得到更多的关爱、健康成长，需要社会各个方面共同努力。对父母而言，不论生活多艰难、工作多繁忙、相距多遥远，对孩子的关爱、理解都不可少。不仅要让孩子们吃得饱、穿得暖，更要和他们沟通，关心他们的所思所想，关心他们的心灵，让他们身心健康地成长。

人物独白：

我爱看书，书上讲的东西太多了。

我姑是上过大学的，她懂的东西可多了，我最愿意听她说话。我姑给我讲了好多好多我没听过的事情，都是她上学的时候学到的，所以我最佩服的是我姑，她说让我干啥我都愿意，好多书都是她买给我的。

要是有一天，我长大了，学习好了，能跟我姑一样出去上大学，那就太好了，所以我现在要好好学习，一定不能落后。

⓲

老皂角树

临潼洞北村村口有一棵皂角树，树龄不知已几百岁，树身粗壮，枝叶伸展，虬劲苍然，古风凛凛。

村里一位戴着眼镜、五十多岁的村民说，这棵皂角树是神树，村里人老几辈都是靠这树保佑才平安无事的。周围几位村民也七嘴八舌地说，谁家媳妇到这村里后，听别人老说这树神，还不服气，就随手拿个什么东西往树上砍，说她就不信这树有多神，没过几天她家的娃娃脚就骨折了。

虽然这些说法近于无稽，但说明了这棵树在村民心目中的地位。

在距离那棵"神树"百十米远的地方有一个大大的土堆，也是孤立着。它有十几米高，荒草丛生。土堆上面原是药王庙，过去香火很旺盛，现在庙已荒废。

在不远处，还有一棵皂角树，不过看起来树龄稍小。村人说，它们是药王的伞，从远处看，两棵树一左一右，侍立药王庙两侧，其枝叶均向药王庙方向伸展，确如一把巨伞。

好奇上面是什么样子的我们，在荒草中扒拉了半天，找到一处台阶的痕迹，拨开乱草，沿着台阶上去，见到一处二三十平方米的平台。平台向里面有两间平房，十分破败，这就是原本的庙了。

这棵"神树"，在几百年的经历中，混合了这个村子的历史，是喜怒哀乐的见证。虽然它不能告诉我们什么，但是却了解这里的一切，就像是一位值得尊敬的长者。

傲然挺立的老皂角树

老树发的新绿

村边的另一棵皂角树

从左到右：
王冠雄的奶奶、爷爷及其本人，杜应文，范会贤，杨金星，岳小建，武清雅，郭忠民，宋升强，杨兴平，
王冠雄的弟弟王哲永，王天尚，姬庆丰及其小儿子，龚民权及妻子，姜姗秀，孙静，姜民政，房树轩，白文锋

本书乡土人物在大唐华清城合影

骊山北麓乡土人物志

主要人物及景点分布图

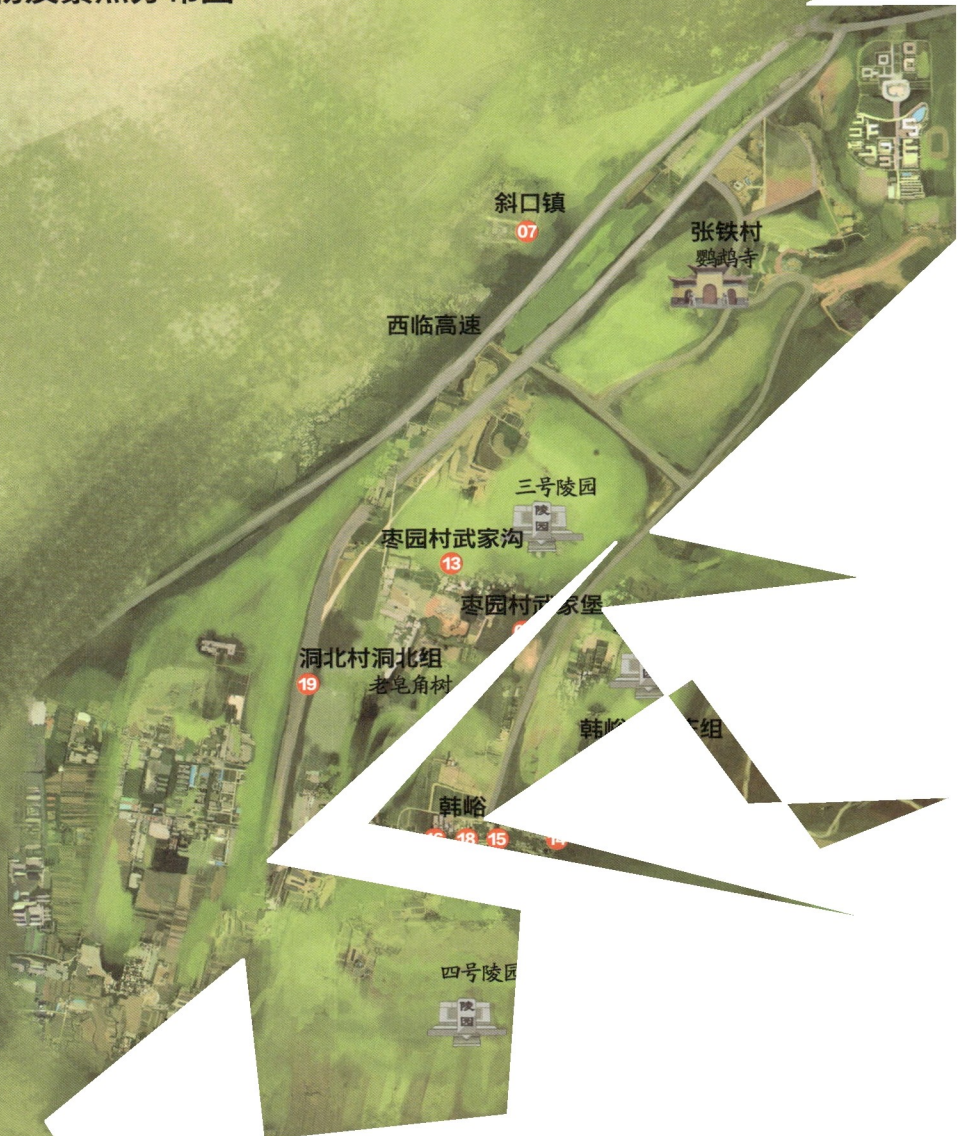

斜口镇
07

张铁村
鹦鹉寺

西临高速

三号陵园

枣园村武家沟
13

枣园村武家堡

洞北村洞北组
19
老皂角树

韩峪 二组

韩峪
18 **15**

四号陵园

桃苑小区 17

秦始皇兵马俑博物馆

秦俑村 02

胡王小学
胡王汉槐

华清路
空军疗养院 06

大唐华清城

胡王村房西组 05

芷阳村西庵组 08

骊山老母殿

骊山天文台

龚吕村 11

书中乡土人物所在地

杜应文 01
姜姗秀 02
姬庆丰 03
马德功 04
房树轩 05
白文锋 06
岳小建 07
朱升强 08
王天尚 09
郭忠民 10
龚民权 11
王建尚 12
武清雅 13
姜民政 14
杨兴平 15
范会贤 16
孙　静 17
杨金星 18
王冠雄 19